[日]永田英正 / 著

童 岭 / 译

项羽

山西出版传媒集团

山西人民出版社

图书在版编目（ＣＩＰ）数据

项羽 /（日）永田英正著；童岭译. — 太原：山西人
民出版社，2023.10（2024.1重印）
ISBN 978-7-203-13052-9

Ⅰ.①项… Ⅱ.①永…②童… Ⅲ.①项羽（前232-
前202）—人物研究 Ⅳ.①K827=33

中国国家版本馆CIP数据核字（2023）第162655号

著作权合同登记号 图字：04—2021—008
KOU

项 羽

著　　者：（日）永田英正
译　　者：童　岭
策划编辑：崔人杰
责任编辑：张志杰
复　　审：傅晓红
终　　审：梁晋华
装帧设计：陈　婷

出 版 者：山西出版传媒集团·山西人民出版社
地　　址：太原市建设南路21号
邮　　编：030012
发行营销：0351—4922220　4955996　4956039　4922127（传真）
天猫官网：https://sxrmcbs.tmall.com　电话：0351—4922159
E — mail：sxskcb@163.com　发行部
　　　　　sxskcb@126.com　总编室
网　　址：www.sxskcb.com

经 销 者：山西出版传媒集团·山西人民出版社
承 印 厂：山西出版传媒集团·山西人民印刷有限责任公司

开　　本：890mm×1240mm　1/32
印　　张：7.5
字　　数：146千字
版　　次：2023年10月　第1版
印　　次：2024年1月　第2次印刷
书　　号：ISBN 978-7-203-13052-9
定　　价：68.00元

中译版序

拙作《项羽》即将在中国出版，我又重读了一遍。虽然内容上的确存在需要补正的地方，但此书毕竟是我京都大学毕业不久后的年轻时期的作品，所以有着那个时代青年特有的文气与文势。因此，无论是再版（1981 年）还是文库版（2003 年）出版之时，我依旧都很珍惜自己当年的那种文气与文势。如今，这部少作会得到中国读者们怎样的评价呢？已是耄耋之年的我对此非常期待。

永田英正

2023 年 2 月 25 日

前　言

项羽，他与虞美人的名字，以及"鸿门之会"（鸿门宴），或者是"四面楚歌"的故事，这些对于广大中国、日本读者来说，全都是耳熟能详的人与事。

距今约两千数百年之前，当时的中国处于群雄割据的战国之世。秦、楚、齐、燕、韩、魏、赵七个国家，彼此之间围绕着天下的制霸权而激烈争斗。此后，在公元前221年，秦消灭了其他六国，完成了统一天下的伟业。登上这一最初的荣光之座的，正是秦的始皇帝。

秦的始皇帝，即使在整个中国历史上，他也算是一位非常少见的具有政治手腕与才能的人物。然而，作为中国第一个大帝国的专制君主而君临天下的他，其政治过于冷酷无情，夹糅了太多的血与泪。人民身上承受着：重税、征用、苛酷的法律、秦政府的镇压等等。结果，他们之间交织着不满之声，此起彼伏。在始皇帝去世的同时，农民首先举起了反抗秦帝国的大旗，随后，满怀着故国再兴之夙愿的六国子孙与遗臣，也一并起事反秦。在这些人之中，崭露头角的就是项羽与刘邦。

项羽与刘邦，他们的双肩担负着民众们的期待，相互协力打倒了秦政权。然而，天空中不可能有两个太阳，他们俩随后彼此不能相容，成为竞争对手。他们在推翻了秦帝国之后，立刻为了争夺天下的霸权而激烈对抗。贵族出身的项羽，

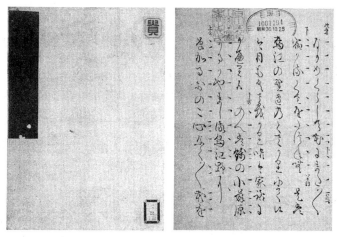

日本谣曲《项羽》书影　京都大学附属图书馆藏

与农民出身的刘邦，一个是"刚"（项羽），另一个是"柔"（刘邦）。这两位家世境遇完全不同、性格对比强烈的英雄，代表了新、旧两大势力。他俩各自驱使着众多的名军师、名将，在中国大地上展开了往返多次的血腥厮杀。以及围绕其中的阴谋、策略，构成了大规模的楚汉抗争的史实，这些被

生动地写进了司马迁的巨制《史记》，而我国（日本）也有《汉楚军谈》，以及谣曲《项羽》等等，自古以来就为日本人所喜爱。

　　本书，固然是争斗双雄之一的项羽的传记。然而，书中并不是仅仅只有项羽的事迹。其中包括了项羽与刘邦，甚至是他们周围诸将的传记，以及他们之间激烈的纠葛。我希望本书遵从《史记》的记载，尽可能地以史实为主，再现当时的人间诸态，并试着去描绘出这位个性极其强烈的项羽的风姿。

目　录

第一章　豪爽男儿项羽 ……………………………………001

　　第一节　戒严令下的吴地街道 …………………001

　　第二节　怀王的悲剧 ……………………………004

　　第三节　项羽的气魄 ……………………………010

第二章　秦的始皇帝 ………………………………………014

　　第一节　出生的秘密 ……………………………014

　　第二节　大地上的绝对王者 ……………………018

　　第三节　始皇帝之死与赵高之阴谋 ……………025

第三章　反乱军的蜂起 ……………………………………033

　　第一节　陈胜与吴广的反乱 ……………………033

　　第二节　项梁、项羽的举兵 ……………………039

　　第三节　刘邦的举兵 ……………………………045

第四章　正义的旗帜 ……………………………………054

　　第一节　陈王之死 …………………………………054

　　第二节　拥立怀王 …………………………………057

　　第三节　怀王的约定 ………………………………063

　　第四节　钜鹿之战 …………………………………065

　　第五节　章邯投降 …………………………………071

　　第六节　新安的大屠杀 ……………………………074

第五章　鸿门之会 ………………………………………078

　　第一节　刘邦的西征 ………………………………078

　　第二节　张良 ………………………………………081

　　第三节　秦王投降 …………………………………085

　　第四节　项羽入关 …………………………………089

　　第五节　霸上与鸿门 ………………………………093

　　第六节　前夜 ………………………………………096

　　第七节　优柔不断 …………………………………099

第六章　西楚霸王 ………………………………………110

　　第一节　秦的灭亡 …………………………………110

　　第二节　论功行赏 …………………………………115

　　第三节　项羽的失策 ………………………………121

第七章　反楚势力的结集 ……………………………124

　　第一节　刘邦进驻汉中 ……………………………124

　　第二节　韩信 ………………………………………129

　　第三节　田荣与陈余的叛乱 ………………………136

　　第四节　刘邦的进击 ………………………………139

　　第五节　项羽的出阵 ………………………………141

　　第六节　彭城的争夺战 ……………………………144

第八章　力量与智慧之战 ……………………………150

　　第一节　荥阳的攻防战 ……………………………150

　　第二节　黥布的倒戈 ………………………………152

　　第三节　范增之死 …………………………………155

　　第四节　项羽之怒 …………………………………158

　　第五节　勇武的"游击队长"彭越 ………………160

　　第六节　背水之阵 …………………………………163

　　第七节　东奔西走的项羽 …………………………167

　　第八节　韩信破齐 …………………………………170

　　第九节　广武山的对决 ……………………………175

第九章　四面楚歌 ……………………………………181

　　第一节　韩信的去就 ………………………………181

　　第二节　项羽陷入困境 ……………………………188

　　第三节　垓下之围 …………………………………190

第十章　英雄项羽之死 ……………………………………195

　　第一节　虎与龙 ……………………………………195

　　第二节　天命之下 …………………………………197

　　第三节　诸将的末路 ………………………………202

再版后记 ……………………………………………………205

文库版后记 …………………………………………………208

项羽关系年表 ………………………………………………210

译后记 ………………………………………………………220

第一章

豪爽男儿项羽

第一节　戒严令下的吴地街道

古来中国人，凡是自称"城郭之民"的，一般都是指筑有城壁，并在其中生活的人们。从首都到地方的小城市，其规模虽然存在大小之差，但它们的形状大体上都是方形的。这些城市被城壁所包围，通过城门可以穿过城壁。[①]大型都市的四面城壁，每面都有数个城门；而中小型城市每面就一个城门。甚至是只有东西面有城门，或者是只有南北面有城门。市内与市外的交通，通过城门得到了连络。一旦有紧急情况，

---

① 这里关于城郭的叙述，永田英正是受到了其师宫崎市定"都市国家论"与"城郭国家论"的影响，参考宫崎市定重要论文《中国聚落形态的变迁》，文载宫崎市定著，张学锋、马云超等译，《宫崎市定亚洲史论考·中册》，上海古籍出版社，2017年。（案，本书所有注释均为译者注，下同。）

就把全部城门封锁，防备敌人的袭击。

秦的始皇帝即位第三十七年，也就是公历纪元前210年的春天。吴地的街道上，从一早开始就弥漫着异样的兴奋与紧张的空气。

从通往城门的郊外道路，到城壁的四周，一直到市街的各个角落，都突然驻防了大量的军队。其中，城门的警戒变得尤其严密。

通行的人群里面，只要有稍微举措不当或形迹可疑的，就立刻被当场逮捕。

黎明时分，近乡的老百姓们陆陆续续蜂拥而至。等到艳阳高照之时，大道两侧的显眼之处，拥挤的市民与农民筑成了人墙。他们脸上浮现出的表情，混杂着同样的不安与好奇。所有人都屏住呼吸，没有一个人敢开口说话。

偶尔传来担任警备的士兵的斥责与吼叫声，以及被驱使的慌乱的马蹄声，打破了这种无言的沉默。

吴，就是现在的苏州市。春秋时代（公元前770—前403年）的吴国就在这里建都。吴地作为江南工商业的一个中心，非常繁荣兴旺。与此同时，吴地周围存在着以太湖为首的诸多湖泊，作为大都市的它，另一方面也是以风光明媚的"水都"而闻名天下。到了战国时代（公元前403—前221年），吴属于楚国的领地，秦一统天下（公元前221年）之后，在此设置了吴县。吴县是会稽郡的郡治所在，而会稽郡则是秦帝国天下三十六郡之一。

始皇帝三十六年的秋天快要结束之际，由驿站快马递交的一份公文书到了会稽郡的长官手中。这位长官看到写信之人，正是当时的大臣李斯，公文书内容非常简单，大体如下：

"始皇帝陛下将于今年冬天出发，巡幸天下。会稽山（浙江省绍兴县东南）在行幸的途中，始皇帝会顺便过去。因此，请好好准备，万事不可懈怠。"

始皇帝征服了韩、赵、魏、楚、燕、齐六国，建立了大帝国——秦。此后每年依次巡幸全国。此前，古代的帝王会定期依照东、南、西、北的顺序巡游天下，将地方的诸侯们召集到帝王所在的四方之所进行朝见，奏报政绩，这就是所谓的"巡狩之制"。

始皇帝的巡幸，当然也是遵循古来帝王的规范。然而就他来说，在古代巡狩规范之外，又具有如下的政治性意图：即向已经征服的旧六国的民众，夸示新诞生的君主之专制威严，将秦的支配权全面贯彻到帝国的每一个角落。

会稽郡的长官见到了李斯的书状，慌忙之间意识到这是一件了不得的大事件。始皇帝脾气暴烈，这是天下皆知的事情。只要稍微让他感到不高兴，就逃不过被斩杀的命运。因此，会稽郡立刻颁布了戒严令，郡下的人民不论男女老幼一律征用，进行改修始皇帝车驾巡幸道路的工程，以及车驾住宿地点的筑造增建等等。总之，为了欢迎接待诸事的万无一失，筹备工作夜以继日地开始了。

就这样紧张地过了数月。终于到了今天，期待已久的始皇帝巡幸的日子到了。

在等待始皇帝行列队伍到来的民众之中，有两位从一开始就目不转睛凝视着城门的男子。一位五十多岁，额头发亮，嘴唇紧闭，身材中等。另外一位则年轻得多，大约刚刚满二十岁，身长近八尺，健壮的肌肉使他看起来像一座小山，目光炯炯有神，这位年轻人可谓一副傲骨英风。这两位男子虽然衣衫寒碜，与普通人无异，但都具有一种震慑周围人的威严与气势。这种与生俱来的威严与气势是有缘由的，他们俩都是楚国的贵族，年长者名叫项梁，年轻者是项梁的侄儿，也是本书的主人公项羽。

他们俩的祖国——楚，已经被始皇帝平灭了。现在不得不亡命到吴地，没想到今天在会稽郡遇上了始皇帝的行幸。

项梁，强忍着胸中涌起的激怒之气。

"可恶！嬴政这个畜生！"

他在心中不停地呐喊着。"政"是始皇帝的名。

以项梁为首的楚人对秦帝国的愤怒，并不仅仅是因为祖国被秦所消灭这一件事而已，楚人在这之前，已经历了一件发毒誓以秦为世仇的事件。为了把这一事件说清楚，我们这里不得不回溯到一百年前的楚国。

第二节　怀王的悲剧

根据古来中国的传说，五帝之一颛顼，他的子孙中有一位叫熊绎，在周（公元前1070—前256年）的成王时代受封，前往封地丹阳（湖北省宜昌）。因此，熊绎被认为是楚的始祖。公元前十世纪左右的中国版图，以现在的河南省为中心，东到山东省的西部，西到陕西省的西部，也就是黄河中游到下游这一带地域，俗称"中原"。当时，南部长江流域一带，完全属于未开化之地。在长江流域开始繁衍的楚，是如何建立的？到目前为止，除了上述的传说之外，可谓毫无线索。但是，从被周王朝等称为"荆蕃"这样刻意被贬低的名号来看，或者可以认为，楚人很可能是一个与中原诸国人不同的种族。

楚国，在中国古代史之中值得大书特书。春秋时代（公元前770—前403年）中期，楚国的英主庄王开始进出中原，成为霸者。楚与齐、晋、秦等强国相峙而立，楚庄王本人也成为春秋五霸之一。从那之后，经过春秋时代进入战国时代（公元前403—前221年），楚国以长江中游的郢（湖北省江陵东北）为根据地，将其领土覆盖到了华中平原的全域，成为南方的一大强国，吸引了中原列国的关注。

公元前328年，楚国的威王去世，进入了怀王统治时代。当时，西方有秦国，北方有燕、齐、赵、魏等列国，各国之间尔虞我诈，虎视眈眈，趁虚而入，互相攻伐，这可谓是一个争斗不休的战争之世。

当时的政界，是被称为"纵横家"的雄辩外交家樽俎折冲的活跃舞台。他们奔走于列国之间，凭借三寸不烂之舌的外交术，四处游说陈词。如果幸运的话，他们就有可能获得高官高位。

这些游说之士的代表人物之一，就是苏秦。他向列国献策游说，如何对抗西方强国秦。在他的努力之下，燕、齐、赵、魏、韩、楚六国从北到南纵向联合起来，共同对抗秦国，成功实施了所谓的"合纵"同盟策略。在这一合纵体制之中，楚怀王被推为盟主，统领进攻秦国的行动。

秦的国王是惠文王。惠文王听到同盟结成的报告之后，十分忧虑。他派遣当时的"无任所大臣"①张仪去楚国，游说楚怀王，破坏合纵之策。

张仪与苏秦都是当时屈指可数的代表性游说之士。张仪为了对抗苏秦的合纵之术而主张"连衡"②，也就是把六国按照东西方向排列，使他们与秦国结成联盟的外交策略。

张仪到楚怀王那里，提出秦国愿意用商於（陕西省商县）的土地作为交换，条件是楚国必须与齐国断交，并与秦国结盟。巧舌如簧的张仪，通过这番甜言蜜语让楚怀王完全信服了。楚怀王对于能得到商於的土地欣喜若狂，故而与齐国断

---

① "无任所大臣"（むにんしょ　だいじん，minister without portfolio），在日语中指不像各省大臣那样分担管理行政事务的国务大臣，又称"无任所相"或"无省大臣"。永田英正教授使用此词，使日本读者更容易理解张仪作为客卿相秦的身份地位。

② 《史记》《汉书》作"连衡"，《汉纪》等作"连横"，今遵从日文版原文用"衡"字。

交。然而，秦的目的就是为了在两个大国——齐、楚之间制
造矛盾，切断他们的联盟，根本不可能把土地实际割让给楚
国。轻易被欺骗的楚怀王对秦国恶毒卑鄙的行为勃然大怒，
他立刻与秦国断交，并对秦国展开猛攻。可是，战争以楚国
大败而告终，楚怀王不但没有能报被欺骗之仇，反而被秦国
夺去了领地。

此后，虽然又过了十几年，但是楚怀王对于秦国憎恶的
执念，丝毫没有消退。

然而，不管他多么焦急，楚军在强大的秦国军队面前都
是不堪一击的，两国交兵，楚国总是损失惨重。秦国趁此之
际，一步一步向楚地展开攻势。楚怀王没有办法，只能把太
子横作为人质送往齐国，希望齐国能够介入秦楚之间，缔结
两国的和平。

秦国这一时期由惠文王，经历了武王，到了昭襄王的治
世。秦昭襄王给楚怀王送去了一份信件：

"我们秦国与君王您的国家边境相邻，长久以来一直重视
亲睦友好，但是现在，陷入了与君王您争斗的不幸状态之中。
根据传闻所言，君王您把太子作为人质送到了齐国，希望谋
求和解。我愿意与君王您在武关相会，亲自交换具体协议，
缔结和平同盟。"

楚怀王读了昭襄王的信件，陷入了沉思。现在的战争局
面，楚国处于守势。如果不赴约的话，可能会招致秦国的不
满。但如果赴约的话，又怕再次受到秦国的欺骗。楚国的忠

臣都谏言不要去，但佞臣却劝他赴约。最终，楚怀王听从佞臣之言。为了顺利与昭襄王相会，他仅仅带了少数部下前往武关（陕西省商县东）。然而，秦国再次耍了一条毒辣的计策。秦昭襄王本人根本没有去武关，由手下的将军代替自己赴约，又命令这位将军在武关暗中设下伏兵。对此毫不知情的楚怀王刚刚到了武关，秦兵迅速封锁了关门，活捉了楚怀王，并将他挟持到了秦都咸阳。

在咸阳与昭襄王的相会，完全待楚怀王以臣下之礼，丝毫没有把他视为"王"。楚怀王愤怒不已，这才后悔没有听取自己忠臣们的切谏，然而为时已晚。

秦国扣押楚怀王，以此为筹码，要求楚国割让巫（四川省巫山地区）和黔中（湖南省沅陵地区）。楚怀王则要求秦国遵照先前昭襄王的信件，缔结正常的和平盟约。然而秦国不理睬他，首先强行要求割让土地，才能谈下一步的盟约。

楚怀王激忿填膺地说：

"秦国，不仅彻底欺骗了寡人，还居然有脸来索要寡人的土地！从现在开始，秦国的一切要求，绝不答应！"

身在咸阳的他，固执地不肯向秦国低下高傲的头颅。

秦国继续扣留楚怀王不让他归国。怀王被秦国设奸计捕获，并遭到监禁的消息，很快就传回了楚国。楚国上下臣民，全都非常同情楚怀王悲惨的境遇，对于秦国无耻的行为，群情激奋。而楚国的重臣们则连日召开紧急会议，讨论协商善后之策，但是却想不出能够平安救出楚怀王的万全之计。

楚怀王在被幽禁的第三年，终于找到机会从秦国逃出。秦很快发现楚怀王已经逃走了，于是立刻封锁了所有通往楚国的道路，并且派出军队追捕。楚怀王害怕再次被捉住，于是放弃了直接奔回楚国的想法，他先迂回走了一段路逃往赵国，希望从赵国借道回到楚国。但是，赵国担心与此事发生牵连，于是拒绝楚怀王入境。万般无奈的楚怀王只有转向逃往魏国。然而因为这一耽误，秦国的追兵就赶上了他。最终，楚怀王再次被捕获，重新押送回了秦国都城。

被押送到咸阳的楚怀王，因为逃跑失败和难以承受的痛苦而彻底病倒了。他再也没有能重新踏回故国的土地，第二年，楚怀王带着无穷的怨恨与孤寂，凄惨地去世了。

秦国把楚怀王的尸骸还给了楚国人。楚国的国民，无论男女老少，所有人都像失去了自己的父亲一般悲痛不已，而且，他们对于无道的秦国充满了愤怒，楚国人咬牙切齿，互相发誓一定要为君父复仇雪恨，他们说：

"楚虽三户，亡秦必楚！"——楚国就算剩下最后三户之人，摧毁秦国的一定是我们楚人！

将国民这种悲哀的感情，吟咏到宏大文学之中的，就是屈原。他没有受到楚怀王的重用，遭到谗言而被放逐。幽闷绝望的屈原，在汨罗之渊，投水殉国，他被后世称为是古代伟大的爱国诗人。屈原的作品收在《楚辞》里面，其中充满了忠君爱国的真情实感，至今仍然能打动读者的心。《九章》中的《惜往日》，有如下一节：

临沅湘之玄渊兮，
遂自忍而沈流。
卒没身而绝名兮，
惜壅君之不昭。[1]

君无度而弗察兮，
使芳草为薮幽。
焉舒情而抽信兮，
恬死亡而不聊。
独鄣壅而蔽隐兮，
使贞臣为无由。

以楚怀王悲剧性的死亡为分水岭，楚国的国力急速下降。无论是春申君还是名将项燕，他们为了挽救国运而做出的必死的努力，最终都是徒劳的。五十多年后的公元前223年，楚国终于被秦的始皇帝所灭。

第三节　项羽的气魄

乐队的声音突然响起来了，城门口瞬间骚动起来，人们都在紧张地张望。这时，太阳已经西斜了。

---

[1] 王逸《楚辞章句》云："怀王壅蔽，不觉悟也。"

始皇帝行列的先头部队的身影，已经出现在城内了。

最前面的步兵队，每人口不出声，手拖着铁棒，在地上摩擦而发出警跸之声；后面是担任近卫的骑兵队，他们穿着黑色的战袍，手持五色的长旗；再后面就是文武百官的车马队，演奏着钟、太鼓、钲的鼓吹队；然后是侧近、侍从、侍女的车马队，以及运送行李物资的车马队。这是一支由总人数共千余人、马车数百辆组成的威风凛凛的大型队伍。

始皇帝从咸阳出发，是在上一年的初冬季节。他仅仅留下了右丞相冯去疾驻守咸阳，除此之外，末子胡亥、左丞相李斯、宦官赵高等全部随行巡狩。途中，他先从云梦泽（湖北省安陆）转到九疑①山（湖南省零陵），祭祀了虞舜冢。此后乘船沿着长江而下，在丹阳（江苏省江宁）登陆，现在终于到达了吴地。

差不多位于整个行列队伍的正中央，前后左右都是身穿黑色军服铠甲，仪容肃杀的骑兵队，中间是一辆格外显眼的豪华马车。六匹高头大马拉的车上，挂满了日月之形的绚丽幔幕。不管是马具还是车本身，都镶满了金银，发出令人炫目的光辉。这辆车一经过，周围光线似乎顿时明亮起来。车上还有一位侍者，侍者小心地侍奉着一位泰然安坐着的、身

---

① 《史记·秦始皇本纪》作九疑山，《史记正义》引《括地志》云："九疑山在永州唐兴县东南一百里。"《说文解字》云："九嶷山，舜所葬，在零陵营道。从山，疑声。"现亦多称九嶷山。

穿锦袍金冠的威严人物，他，就是始皇帝。

巡狩之行蜿蜒一千数百公里，历时数月。这样辛劳的旅途让始皇帝的身体健康似乎出了一点儿问题，但是，他那一统天下的自信，以及作为号令全国的第一人之威严，还是极度震慑了周围所有的人。

在这之前，项羽还没有机会见过始皇帝。楚被秦灭国之际，他只是十岁左右的孩子。当时，楚国各地反复展开了激烈的攻防战，为了躲避战祸，他与叔父项梁辗转流亡，这些痛苦的经历，至今在项羽脑海中挥之不去。此外，关于楚怀王的悲惨遭遇以及秦国的无道恶行，项羽也无数次从叔父那里听闻过。因此，少年时代的项羽对秦帝国就抱有一种深深的憎恶。但是，这种憎恶是非常模糊的，在他的心中，还没有发展到需要强烈控诉秦国暴政的程度。因此，听闻始皇帝今天将行幸到吴的消息，项羽并没有像他的叔父项梁一样，立刻就涌起强烈的复仇之念。毋宁说，此刻的项羽，对于始皇帝到底是一个怎样的男子，兴趣更大一点。到目前为止，项羽见过最大的掌权者，也就是郡的长官，因此在他心中非常好奇那个能消灭楚国、一统天下的始皇帝，到底长什么样子。从这一点上来看，怀有这种心态的青年项羽，尚且还是一只井底之蛙。

项羽从刚刚开始，目光一瞬间都没有离开过中央车队，他凝视着始皇帝。始皇帝作为地上的最高王者，展现出一副君临天下，可以征服任何人的雄姿。项羽看着看着，就感到自己浑身渐渐发热，他身体里面流淌着的南方楚国的血脉与灵魂忽然被唤醒，他不自觉地开始强烈地大口呼吸着。那种遥远时代被称为"荆蛮"的屈辱，那种被贬为野蛮人的祖先们对抗中原列国的革命之血，终于转化为对践踏蹂躏自己故国的秦的复仇之火。

项羽突然像瞄准猎物的猛兽一样吼叫起来，大声喊道：

"彼可取而代也!"——我要取代那个家伙，夺取天下！

周围民众一下子哗然躁动起来，项梁慌忙之间赶紧捂住项羽的嘴，说道：

"毋妄言，族矣!"——不要胡说八道，不然我们全家都会被灭族的！

这样一来，沿道人群中的嘈杂混乱，引起了始皇帝的注意，他也朝那个方向看去。只见人群之中有一个特别显眼的高大男子，正在怒目圆睁，一副即将猛扑过来的样子，这个人吸引了始皇帝的关注。始皇帝的目光与这位男子的目光，在这一瞬间，激烈地碰撞在了一起。始皇帝顿时被这位男子的气魄吓了一跳，但定睛瞧看，只是一个并非恶形恶状的年轻人，也就没把这事放在心上。这只是发生在几秒钟之间的事情，那辆高大的马车悠然地从人群面前走过去了。

始皇帝当然不是神，他绝对不可能想到，也就是几年之后，庞大的秦帝国将被这个与自己目光相碰的年轻人所彻底摧毁。

第二章
秦的始皇帝

第一节　出生的秘密

秦的始皇帝，消灭了东方六国，前所未有地在中国大地上建造了最初的统一帝国。然而，关于他的出身，充满了不祥的秘密。

始皇帝的名为"政"，他的父亲是秦的庄襄王。庄襄王在尚未即位之前，以其名"子楚"见于史籍。子楚受祖父昭襄王之命，被作为人质送到赵国。战国时代，为了与敌国保持友好关系，互相把王子作为人质送到对方国家，已经成为一种政治习惯。子楚就这样成了他们的政治牺牲品。当他作为人质到了赵国之后，在赵国都城邯郸过着忧郁烦闷的日子。恰在此时，正在赵国的豪商吕不韦看中了这个人质未来可能会大有前途。吕不韦说出了如下的名言：

"此奇货可居！"——子楚这小子是一支成长株（潜力股）啊！

　　于是吕不韦设法接近子楚，给子楚提供了无微不至的照顾与支持。

　　有一天，吕不韦在自家邸宅举办酒宴，子楚也受邀赴宴。席间，子楚与一位称得上邯郸绝世美女的歌姬聊天、互酌对饮。子楚对她的惊艳容姿可谓一见钟情，为之神魂颠倒，欲罢不能。于是，子楚向吕不韦请求，让这位歌姬成为自己的妻子。然而这个歌姬，实际上是吕不韦自己的爱妾。听到子楚这样冒冒失失的请求，吕不韦内心非常恼火。然而，考虑到如果现在拒绝子楚的请求，那么之前所有的"投资"就会化为泡影。因此吕不韦思前想后，最后决定忍痛把爱妾让给子楚。当时那位美姬其实已经怀上了吕不韦的孩子，但吕不韦自己肯定不会说，美姬也隐瞒了这件事，就这样这位美姬嫁给了子楚。根据传闻，她生下了嬴政，也就是后来的始皇帝。

　　由此可见，始皇帝从一出生开始，就背负了极度严重的阴谋论与政治交易论，被卷进了不幸宿命的漩涡之中。但是，正因为他身上流淌着一代大商人的血液，因此这种（在别的君王那里）极其罕见的、旺盛的"企业家精神"，在始皇帝后来的政治生涯中被发挥得淋漓尽致。

　　吕不韦为了能让作为人质的子楚顺利归国，暗中四处活动，不惜重金，积极筹划如何从赵国脱身。在吕不韦的大力运作之下，子楚终于平安地回到了秦国。此后，子楚即秦王位，是为秦的庄襄王。庄襄王立刻任命吕不韦为宰相（丞相）

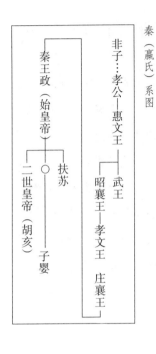

秦（嬴氏）系图

非子…孝公—惠文王

秦王政（始皇帝）

武王

扶苏

○

昭襄王—孝文王

二世皇帝（胡亥）

子婴

庄襄王

之职，同时赐给吕不韦洛阳之地的十万户食邑。这种在当时绝无仅有的超规格优待，证明了吕不韦处心积虑的政治投资终于没有白费。

庄襄王在位仅仅三年就去世了，太子政继承了王位，时间是公元前247年，成为秦王的嬴政方才十三岁。秦王政授予吕不韦相国（在丞相之上）之位，尊称吕不韦为仲父——也就是仅次于父亲的人。现在的吕不韦已经掌握了秦国的全权，其势力无人可以匹敌。有一种百科全书叫《吕氏春秋》，就是吕不韦利用他巨大的财富与权力，动员三千食客编写而成的。

太后，也就是吕不韦当年的爱妾，在庄襄王去世之后成为未亡人，现在是秦王政的母亲。精力旺盛的她在此之后又与吕不韦暗中私通。然而，秦王政却已经渐渐长大了。吕不韦害怕与太后私通的密事暴露，这样就会给自己招来祸端。于是，吕不韦找到一个叫嫪毐的性能力绝伦的男人，代替自己去与太后私通，很快，太后就成了男女技巧高超的嫪毐的"俘虏"。不久，两人就有了孩子。事情到了这一步，再怎么隐瞒也不行了。有人向秦王政密告了此事：

"嫪毐与太后私通，已经生了两个孩子。太后好像还想让他们继承秦国的大统。"

秦王政立刻命令官员进行调查，事实证明这个阴谋是真的。

另一方面，嫪毐发现事情已经败露，就伪造了秦王的印玺，调动军队起兵造反。在秦都咸阳与秦王政的政府军展开激烈的巷战。最终，嫪毐兵败，被政府军杀死。

通过这次叛乱事件，相国吕不韦被查出也与这一阴谋有瓜葛。已经长大成人的秦王政，一直对权力掌握在吕不韦手中、自己难以施展政务感到非常不满。就在这个节骨点上，秦王政被彻底激怒了。但是，在知道了母太后生性淫乱的同时，秦王政也彻底了解了关于自己出身的那个可憎与不祥的秘密。他一度想杀死吕不韦，但经过反复思索，还是把吕不韦免除职务，流放到河南；把母太后隔离软禁在遥远的雍地（陕西省凤翔）。

吕不韦看到前途无望，到达河南的第三年服毒自杀了。

七年之后，母太后也去世了。这样，围绕着母太后、吕不韦、嫪毐一连串的黑暗事件，至此终于画上了休止符。但是，此后始皇帝对所有人都不再信任，以及由此而生的冷酷性格，都不能说与这一事件没有关系吧。

第二节　大地上的绝对王者

因吕不韦的自杀而引起的秦国内乱，到目前为止告一段落了。现在，终于进入了秦王政的亲政期，秦国也终于到了可以充分发挥其隐藏已久内在力量的时候了。自秦孝公奉行富国强兵的国策以来，秦国国力日渐充实，秦王政以此为后盾，积极地向中原推进，开始消灭敌对的六国。

依靠强大的军队以及间谍在列国之间巧妙地实施离间工作，秦王政首先于公元前230年消灭了韩国，然后依次征服了赵国（公元前228年）、魏国（公元前225年）、楚国（公元前223年）、燕国（公元前222年）。最后在公元前221年，消灭了顽强抵抗的齐国，终于登上了天下统一伟业的巅峰。长达一百八十多年的战国乱世时代，至此落幕了。中国出现了第一个统一帝国。

秦王政在消灭六国统一天下之后，提拔了以铁腕宰相而闻名的政治家李斯。李斯为了巩固新成立的大帝国的基础，推行了种种果断的改革。可以说，秦王政在完成了统一大业之后，进一步增强了与生俱来的自信，他选中了为达成目的而不择手段李斯式的法家做法，正是完全符合他冷酷地支配全天下的思想。

统治的政策，首先从明确唯一君临天下的王——秦王的地位开始着手。他废除了以往"王"的称号，采用"皇帝"

这一称号，也废除了王去世之后，由臣下商议而定的谥号制度。他宣布从第一代始皇帝开始，之后依次为二世皇帝、三世皇帝……只要秦帝国存在，这个称号就按顺序一直使用下去。

接着，郡县制作为统治国家的方式而被采用了，把全国分为三十六个郡。古代以来，给予皇族、贵族、功臣等的封地以及在封地上的自治政策，即所谓封建制，至此也被废止了。改为由中央政府直接派遣官吏进行统治。这与我国（日本）旧宪法下的县知事制度①一样，其起源早在两千年前始皇帝的改革之中就可以看到了。不过，我国（日本）的县下面设置若干郡，这一点与中国古代的郡县制正好相反，中国是郡统辖着若干县。

另外，由于天下长期分裂为七个国家，包括度量衡在内的所有东西，七国之间都各不相同。因此，作为"运营"一个统一国家的必要条件，度量衡、货币、文字等等，全部需要统一。车轨也需要按照同一规格改造。而为什么又要将车轮的间距规定下来呢？这是由中国黄土地的土壤特征所决定

---

① 日本旧宪法，指公布于明治二十二年（1889 年）2 月 11 日的《大日本帝国宪法》，而昭和 22 年（1947 年）5 月 3 日正式施行的《日本国宪法》，被称为新宪法。规定"县知事"（けんちじ）是日本一级地方行政区县的最高长官。日本的县比中国现在行政级别的县地位高。又，中华民国初期也设置了"县知事"，袁世凯执政时再度改回为"县长"。

的。当车通过之后，会在地上逐渐留下一条深沟，形成了和现代交通的轨距（gauge）意义上略微不同的狭轨与广轨。那么，后继行驶的车马就获得了交通上快速通过的保障。

除此之外，为了防止将来发生内乱，规定只有政府直属的中央军才能拥有武器，其余的武器全部没收，集中到首都咸阳，将它们全部熔化，制成了十二个巨型铜像。这可以说，就是日本丰臣秀吉的"刀狩"①政策的先导。另外，始皇帝还把天下的十二万富豪，强制移住到咸阳附近，将他们置于中央的监视之下。为了确立基于中央集权的专制国家体制，秦政府接连不断出台相关的政策。这样的统一政策，发展为极端的控制言论与思想的"焚书坑儒"，后世对秦政府这些举措进行了不遗余力的严厉批判。

始皇帝在国内的统治措施大体完成之后，开始征伐北方的匈奴。在东亚世界之中，自古以来就反复上演着农耕民族与北方游牧民族的对立斗争。所谓"匈奴"，是公元前四世纪末期开始出现在中国史上的、来自北方蒙古高原上的游牧民族。匈奴的文化一般性而言是比较低的，但是他们一些部落很早就受到了来自黑海地区发达的斯基泰文化的影响，所以文化也达到了一定的程度。他们有勇敢的军队，这些军队是

---

① 丰臣秀吉于1588年8月29日（天正十六年七月八日）颁布"刀狩令"（かたながり、刀狩り），意在解除日本的地方武装。同时，把这些收缴的武器用于铸造方广寺大佛。

由装备了金属武器的骑兵们组织而成的。然而，因为居住地的地理环境，导致匈奴的生活必需物资不足，常常侵入南边的农耕社会，进行掠夺。

战国时代，被匈奴侵入所困扰的是位于北方的燕、赵、秦诸国，他们各自在北部边境修筑了城壁，防止匈奴的侵入。

始皇帝首先命令将军蒙恬率领三十万军队征讨匈奴，将北疆一扫而平。此后，对战国诸国的部分城壁进行大规模的修补增筑，在中国北方修成了长城，这就是著名的"万里长城"。顺带一提，现在的长城完成于十五、十六世纪的明代，比秦帝国的长城更靠南。始皇帝修筑的长城，西边从甘肃省南部的岷县，一直向北越过了黄河的北岸，沿着阴山将原先赵、燕二国的城壁连了起来，东北延续到辽宁省辽阳县，蜿蜒五千多公里。但是，当时的长城并不像我们今天看到的烧制砖墙结构的气派之城，只是用泥土筑成的矮墙，足以防止骑兵侵入的程度而已。即便如此，我们也可以想象：距今两千多年前的长城工程有一个多么宏伟的规模啊！它需要动员的人数以及消耗的费用，又是多么庞大啊！虽然人们都说世界上的英雄都喜欢大兴土木，但长城在其中绝对是一个不辱其名的最大建筑物。

始皇帝以长城工程为开端，着手各种土木之事。其中之一就是宫殿的修筑。始皇帝在灭六国之后不久，就将六国的宫殿拆除，以建筑材料的形式全部运往咸阳，在咸阳兴造新都。据说总规模非常庞大，达到了二百七十栋之多。这些宫殿之中，始皇帝在世时尚未竣工的阿房宫规模最大，东西长约七百米，南北宽约一百五十米，设有可以容纳一万人的大厅。阿房宫宫殿的周围，模仿秦帝国版图的地形，建造了游园。与阿房宫齐名的另一大工程是骊山陵的营造，这是一个发动了七十万罪犯修造的巨型坟墓。骊山陵高约一百一十五米，周围直径约两千米，墓室挖掘得非常深，里面的陈设和始皇帝生前一样极度奢豪，大量财宝自不必言，所有的日常用品以及食物都储备极丰。然而，不论是阿房宫还是骊山陵，几年后都逃不过被项羽无情摧毁殆尽的命运。

随着中国版图的确立，国内逐渐安定，始皇帝在全国范围内修建用于行幸的高速通道——驰道，开始巡幸各地。首先是天下第一名山泰山，始皇帝到此祭祀了天神，又在山麓的梁父山祭祀了地神，也就是举行了所谓"封禅"盛大仪式。此后，始皇帝每年都要巡狩天下，遍访名山，建造关于自己的颂德碑。流传至今的泰山刻石碑上，刻有如下文句：

> 皇帝临立，作制明〔法〕，〔臣下修饬〕。
> 廿〔有〕六年，初并〔天下〕，〔罔〕不〔宾服〕。
> 窥辄远黎，登兹〔泰〕山，周〔览东极〕。
> 从臣思迹，本原〔事业〕，〔祇诵功〕德。
> 治道运行，诸产得宜，〔皆有法式〕。
> （以上西面刻石五行）
> 大义箸明，陲于后嗣，〔顺承勿〕革。

皇帝躬听，既平天下，不〔懈于治〕。

夙兴夜寐，建设长利，〔专隆教诲〕。

（以上北面刻石三行）

训经宣达，远近毕理，咸〔承圣志〕。

贵贱分明，男女体顺，慎〔遵职事〕。

昭隔内外，靡不清净，〔施于〕昆〔嗣〕。

化及无穷，遵奉遗诏，〔永承垂戒〕。

（以上东面刻石四行）①

　　如果节译为日语（现代汉语），那就是"皇帝今已即位，他调整世间的各种形态，明确世间的各种法律，臣下们都谨慎地修习他的诏令。皇帝即位的第二十六年，首次统一了天下，诸侯们作为臣子，没有不服从的。皇帝亲自去周游巡幸了遥远的黎民之地。这次，他登上了泰山，极目远眺帝国所有的东方土地。侍从的臣下们想到皇帝的无上功绩，探索它的源头，盛赞歌颂皇帝的功德（中略）。这样的话传遍四方，远近皆已平服，只有皇帝遵循内心的理念，贵与贱得到了分别，男与女的礼仪也得到了明确，所有人谨慎地担任各自的

---

　　① 秦泰山刻石分为始皇帝刻石部分与秦二世刻石部分，中译本根据永田英正的日语翻译，列举了始皇帝刻石部分。其中东面刻石共有六行，前四行为始皇帝刻石。六角括号内是中译本据《史记》等文献补全之字。关于刻石的综合研究，请参：吴福助《秦始皇刻石考》（文史哲出版社，1994 年）。

职务。内与外都美好纷呈，万物得到了澄清，惠及后世，无论何地都得到了皇帝的恩泽。这份皇帝留下的诏书，将永远地戒训他的臣民。"

现在的始皇帝，是君临天下的绝对王者。他想把自己的伟大镌刻在石头上，永远地炫耀下去。始皇帝的面貌，真可谓一下子跃然纸上啊！

诚然，天下统一之后始皇帝的活跃表现，令人瞠目结舌。特别是以万里长城为代表的各种大规模土木工程，更是其中的佼佼者。但是，不得不铭记的是，这些都是由人民莫大的牺牲所换来的，庞大的费用更是由人民的重税所承担。而土木工程所需的巨大劳动力，也是作为人民的义务被强制执行的。正如字面意思所示，这无疑都是人民"血"与"汗"的结晶啊！

战国时代一百八十多年反复的战乱之中，民众翘首以盼和平能早日到来。天下因为始皇帝而统一了，无休止的战争平息了，大家都以为可以松一口气，过上幸福的日子，从此安居乐业了。但是，现实却比过去更加苛酷。内战确实是没有了，然而税收却比战国时代更加严重，民众被迫过着连饭都吃不饱的日子。男人不分老幼全部被征用。如果滞纳交税或者违背命令，就会立刻遭到严厉惩罚，而且是"连坐制"，甚至会波及邻居与同伴。男人们和家人被迫分开，不知道此生何时才能再见面。世界简直是一点也没有变好啊！甚至是比此前的战国时代更过分了。果不其然，民众的不满之声日渐高涨。

这种不满最终爆发了，掀翻了秦帝国的基础。在展开叙述这一爆发之前，我们稍微看一看秦帝国的一些内部隐情。

第三节 始皇帝之死与赵高之阴谋

始皇帝即位的第三十六年，也进行了如今已经成为惯例的东方巡狩之行。然而，这将是他生命中最后一次巡狩了。也就是项羽在吴地和他目光相撞之时，正是在他最终的巡狩途中。

自从天下统一以来，始皇帝一直精力旺盛地进行着各种活动，但是，他也意识到自己的身体不如以前强壮了。为此，始皇帝感到不安，巡幸之前请人占卜吉凶，占卦上说"吉"。

从首都咸阳出发之时是阴历十月的初冬季节。如前所述，随行之人中有丞相李斯、宦官出身的显官赵高等等各色官员。始皇帝的末子胡亥也提出随行伴驾的愿望，得到了允许。

始皇帝有二十多个儿子，其中长子名为扶苏。扶苏各方面都具有一种学者气质，秉性温厚，为人顺和。因为常常劝谏父亲始皇帝施行仁义的政治政策，故而逐渐被疏远。心烦意乱的始皇帝命令扶苏随着蒙恬去远征北方的匈奴，而把自己的心血与关注，全部投入到末子胡亥身上了。

始皇帝当时尚没有决定继承人是谁。晚年，执着于长生不老的他，把自己的死，以及与此相关的下一任皇帝问题，

日本《通俗汉楚军谈》书影　　　　日本《通俗汉楚军谈》插图
　　　　　　　　　　　　　　　　　　"始皇巡狩望云气"

当作帝国朝廷的最大政治忌讳，避而不谈。但是众人一致认为，在他的诸子之中，长子扶苏与末子胡亥中的一个人，肯定会是下一任皇帝。围绕着立太子问题，秦的朝廷分为扶苏派和胡亥派两个派系。如果说蒙恬是前一个派系的首领，那么赵高就是后一个派系的中心人物。

赵高，原本是一个出身卑贱的宦官，但是他通晓法律，心思奸猾，巧妙地获取了始皇帝的信任。如今，赵高已经登上了掌管宫中车马与印玺的高位，同时还晋升为传授胡亥法律知识的家庭教师。本质上赵高是一个野心勃勃，极度阴险的男人。他经过反复思索，教胡亥提出希望与始皇帝一同巡幸的请求。

始皇帝在巡游了会稽山（浙江省）之后，沿着海岸线继续北上，一直到了北边的琅琊（山东省）。从那时起，始皇帝开始出现疾病的征兆，但是他继续巡幸。等到达沙丘（河北省平乡）之后，始皇帝的病情极速恶化，一下子进入了病危状态。预感到自己的大限将近，始皇帝把赵高叫到身边，命他用笔赶紧记下自己口述给长子扶苏的诏书，并立刻传给扶苏。其内容如下：

"把远征军的指挥权交给蒙恬，立刻回咸阳参加朕的葬礼。"

赵高起草完毕，才刚刚把诏书封好口，还没来得及交到使者手中之时，始皇帝就停止了呼吸。得到始皇帝病危的绝密消息，闻讯急匆匆赶来的只有末子胡亥、丞相李斯以及在场的赵高等少数几名宦官。

李斯虽然对这一突如其来的大事感到非常震惊，但他还是很快冷静了下来。向在场的人提议：

"当今的天下，因为始皇帝的强大力量好不容易达成了统一。如果在巡幸中驾崩的消息被天下人得知，那么就会人心摇动，也许就会爆发大叛乱。总之，在回到咸阳之前，必须要伪装成始皇帝还活着。"

在场的人都同意李斯的意见。于是把始皇帝的灵柩放在辒辌车上。辒辌车是一种可以调节温度的特别马车。并且，让一名宦官同乘，由他代替始皇帝，从一日三餐到批复上奏，一切事务都由这个宦官伪装代替。

赵高此前已经预见性地让胡亥同行巡幸了，现在，给扶苏的遗诏又意外地留在自己手上，他感到非常幸运，露出了诡异的笑容。赵高作为受过宫刑的卑贱之人，常常受到人们的鄙夷。因此他一直以来的野心，就是要登上权力的宝座，把鄙视自己的人统统都压在身下。如今这个机会终于到来了，深藏在赵高心底的阴谋，变成了可怕的黑色火焰，开始燃烧起来。

赵高首先去胡亥那里，取出始皇帝的遗诏对胡亥说：

"先帝只给长子留下了遗诏，这明摆着是要立长子继承皇帝之位啊！而且，关于其他皇子的处遇，遗诏里面并没有说明。如果长子扶苏继承了帝位，身为少子的您，肯定会陷入悲惨的境遇。您现在有什么打算吗？"

"我听闻：明君知臣，明父知子。既然是父亲先帝的遗志，那么作为儿子，我只有遵从。"

胡亥这么回答道。赵高接着说：

"并非一定如此啊。现在能左右天下命运的，只有皇子您和我，以及丞相李斯三个人而已。如果我们三个人联合起来，让皇子您继承帝位，绝非痴人说梦。"

受到这样的诱惑，胡亥犹豫了好一会儿，终于答应了。

然后，赵高又去找李斯，对他说：

"始皇帝给长子扶苏的诏书，现在还没有发送。不论是调动军队的虎符，还是盖诏书所需的皇帝印玺，现在都在胡亥殿下那里。决定谁是太子，也就在丞相您与我二人的口中，难道我们这里不能想一个万全的好办法吗？"

李斯怒瞪着赵高，严词说道：

"亡国之言啊！多么可怕的阴谋啊！作为人臣，去左右先帝的遗志，简直是大逆不道啊！"

他立刻拒绝了赵高。然而赵高却反驳问道：

"丞相且慢！您请想一想，您与蒙恬将军的才能相比，谁更胜一筹呢？您和他所立的功绩，谁又在上呢？预测战略远见的能力，您和蒙恬将军谁棋高一着呢？您和他谁又能更得到天下民众的信赖呢？更关键的是，谁与长子扶苏更亲密呢？这些，请丞相您三思啊！"

面对赵高出其不意的连续提问，李斯露出了惊讶的神色，回答道：

"这还用问？我都比不上蒙恬将军啊！"

趁着李斯有点儿胆怯的时候，赵高接着补充到，他如果还想继续在秦帝国两代君主中保持丞相的位置，那么，扶苏即位的话，必然擢用蒙恬为丞相。李斯难道就不担心从此失势吗？为了防止这一切的发生，就应该立胡亥为皇位的继承人——如此等等，赵高对李斯说了大量的花言巧语。

李斯这个人，是始皇帝特别提拔起来担任丞相的。他本是不能违背始皇帝的恩义，拒绝参加这一阴谋的。可是，李斯虽然与赵高激烈碰撞、争吵了一段时间，然而最终还是败给了赵高的诱惑。

李斯仰天长叹，泪流满面地叹息到：

"天呐！身在这样的乱世，连想死都死不了，这样活着真是耻辱啊！"

就这样，赵高、胡亥、李斯三人构成了密谋同盟。首先，李斯伪造了一份立胡亥为太子的诏敕，对外宣传是始皇帝在沙丘之地发出的。同时，篡改了给扶苏的遗诏：

"扶苏，朕现在正在巡幸天下的途中，遍访名山，群祀诸神，以祈愿长寿。朕命汝与将军蒙恬率领数十万大军在边境与匈奴作战，迄今耗时十余年之久，也没有任何功绩！只是徒劳地增加士兵的损伤。不仅如此，汝还诽谤朕颁布的政策，从任何角度来说都是不孝之人啊！为了偿还汝的罪恶，用这把剑，和将军蒙恬两人一起自尽吧！"

——内容如上。诏书使用了皇帝的印玺进行了封印，立刻被送到北方扶苏的驻地。扶苏没有看出这是伪造的诏书，对于父亲始皇帝这一意外的命令感到非常愕然，他突然就拔出剑准备自尽。蒙恬见此情景，拼命想阻止扶苏。但是，孝子扶苏无法违背父亲的命令，猛地把剑插进了自己的喉咙。蒙恬拒不自尽，因此被狱吏带走，系于阳周（陕西省安定）的牢狱之中。然而，几个月之后，蒙恬也在狱中服毒自尽了。

扶苏已死，蒙恬被押进监狱，当这一报告送回到伪装巡幸的车队时，胡亥等三人兴奋地拍手称快。

现在是酷暑，最热的季节，始皇帝的尸体很快就腐烂了，散发出浓烈的臭味。他们把盐腌的鱼堆积放进马车，煞费苦心地用腌鱼的味道来混淆尸体的臭味。就这样，一路急匆匆地往咸阳赶去。

九月，巡幸队伍终于返回了咸阳。到了这个时候，方才正式公布始皇帝去世的哀告，将其亡骸葬于骊山陵。随后，根据伪造的诏书，胡亥即位，成为了秦帝国的二世皇帝。

赵高一跃被提升为郎中令①——这是一个掌管禁中所有事务的要职——和李斯一起共理国政。就这样，阴谋的第一阶段成功了。但是赵高却并不安心。因为极度害怕阴谋泄露出去，他向二世皇帝进言，为了杜绝祸根，应该首先对皇族，然后对贵族和高官处以极刑。已经成为赵高傀儡的二世皇帝，被告知这事非常严重，如果不这么做就会导致自己的毁灭，于是二世皇帝就同意了。在赵高的手里，制定了很多可以捏造成死罪的法律。以十二名皇子、十名皇女为开端，许多贵族和高官都被以无实的罪名逮捕了。咸阳城里城外，连日都上演着血腥的处刑场面。

等到李斯后悔参加这一阴谋，为时已晚了。因为，他自己也遭到了赵高毒牙的撕咬，最终李斯也被逮捕，凄惨地死去。

因为害怕赵高的淫威，没有一个人敢就此事劝谏二世皇帝。而二世皇帝自己，则从此过上了奢侈的生活，不理朝政。

以阿房宫营建为首的大规模土木工程，毫不停歇地进行

---

① 《秦会要订补》卷十四云："郎中令，秦置，掌宫殿掖门户，及主诸郎之在殿中侍卫，故曰郎中令。"参见：孙楷撰、徐复订补，《秦会要订补》，中华书局，1959年，页204。

着。为此，苛捐杂税日渐增多，劳役征发永无休止，法令诛罚日益严酷。

现在的秦帝国一变成为独裁政府，天下逐渐笼罩在恐怖政治的暗云之下。

第三章

反乱军的蜂起

第一节　陈胜与吴广的反乱①

中央不安的空气，很快就传到了地方。在很久以来就难以忍受秦帝国高压政治的贫农之间，终于爆发了反乱。最先点燃导火线的就是陈胜与吴广二人。

陈胜的籍贯是阳城（河南省登封），字涉。吴广的籍贯是

---

① 永田英正等日本东洋史学界比较常用"反乱"（はんらん）指陈胜吴广起事，而国内史学界一般把陈胜吴广起事定义为"起义"。但无论是"起义"还是"反乱"，在西方秦汉史学界都可以对应为同一个词：revolt。为了反映永田英正此书原貌，我们保留了"反乱"一词。敬请读者留意。

阳夏（河南省大康①），字叔。两人无一例外都是楚国的男子。

关于陈胜，有一段非常有名的轶事。他原本是受人雇佣在田里耕作的贫农。年轻时，陈胜曾经于耕作之余在山丘上稍作休息，他长叹一声，对他的主人说道：

"承蒙您长久以来的关照，将来如果有一天我出人头地了，不管那时我多么富贵，也不会忘记您如今的这份恩情啊！"

听到陈胜这席话，主人嘲笑道：

"像你小子这样受雇于他人的耕作者，怎么可能会有富贵的身份呢？一派胡言，太愚蠢了！"

陈胜又叹息了一声，说道：

"啊！燕雀安知鸿鹄之志！"

鸿，在日语是**おおとり**②；鹄，是一种白鸟。陈胜用燕、雀和鸿、鹄作比喻，其用意就是小人物无法知道大人物心中的志向。

二世皇帝元年（公元前209年）的七月，秦帝国征召穷人与囚徒前往北方的渔阳（河北省密云），充当对抗匈奴的边境

---

① 大康县，即现今河南太康县。据宫宅洁教授惠示，永田英正等老一辈汉学家一般参考臧励龢的《中国古今地名大辞典》，该书由商务印书馆于1931年出版。如遇到其中地名与当下不同之处，译注尽量标出。

② **おおとり**（大鸟）这个日语假名，对应汉字除了"鸿"，还有：鹏、凤。

守卫者。陈胜、吴广也被征召加入北上的队伍中。不学无术却又做事敏捷的这两人，不知不觉之间被推举为一行九百人的组长。

队伍继续行进，到达了大泽乡（安徽省宿县），不巧遇到了滂沱不止的大雨，道路不通。只好中止行进，等待雨停。就这样白白等了好几天。

当时秦帝国的法律，如果在"期日"（规定日期）前没有达到指定场所，那么所有人都会被处以斩首之刑。陈胜与吴广盘算了一下日程，怎么也不可能在期限到达前赶到渔阳了。两人秘密谋议：

"接下去即使全力赶路行进，错过了到达期限，肯定是死刑了。如果在这里逃脱，被捕获后也是要处以死刑。谋反的话，同样是死刑。要知道，咱们不论选哪条路都是一死，不如赌上性命起事吧！这样即使失败被杀，不是更痛快吗？"

陈胜接着又说：

"天下之人，被秦的暴政已经压迫得太久了。让他们听到我就是'本应即位的长子扶苏，因劝谏始皇帝而遭到龙颜大怒，被放逐到国外。迄今为止，所谓扶苏被二世皇帝无罪诛杀的消息也是假的。'这样一来，因为农民们都知道扶苏非常贤能，况且还不知道他已经死了。另外，楚国的项燕是非常优秀的将军，屡立战功，对部下有大恩，所有人对他都很追慕。世间关于他的传闻，有已经死了的，也有已经逃亡隐逸起来的。如果告诉大家，我们两人就是尚在人间的扶苏与项燕的话，那么大家肯定会跟着我们一起干事。"

吴广非常赞成这一方案。然而秦的公子与楚的将军，作为宿敌的两人竟然要展开合作。作为煽动一无所知的农民的手段，这种方式实在有些夸张。

意气相投的陈胜与吴广，立刻请了一位占卜士询问举兵的吉凶，占卜士已经猜透了他俩的心思，说道：

"你们俩心中想做的事，一定会成功的！根据占卜的卦象，你们最好再问一问鬼神（拥有超越人类力量的神灵），借助他们的神力吧！"

他们两人听闻之后，欢呼雀跃，狂喜不已。

"是啊！我们两人一定要先借助神灵的力量，震慑住大家啊！"

两人据此立刻想出了一条计策，首先把绢布裂开，用红笔写上"陈胜当王"①，偷偷置于捕鱼网中的鱼腹里面。有人买了这条鱼回来准备食用，鱼腹中的绢布不经意间就露出来了，这是多么不可思议的一件事！大家开始窃窃私语。另外，吴广躲在营地附近的祠堂中，半夜在里面悄悄地燃起火堆，然后模仿狐狸的叫声说道：

"大楚兴，陈胜王！"——楚国必定重兴啊！陈胜必定为

---

① 根据《史记》卷四十八《陈涉世家》云："乃丹书帛曰'陈胜王'"。此处"当"字疑永田英正书中为了配合日语"王になるだろう"而多出的衍文。

王啊！

这样反复的鸣叫，士卒们每晚都对这件事感到很害怕。到了白天，便在背后指着陈胜，互相窃窃私语。

计略巧妙地获得了成功，时机逐渐成熟了。

吴广是一位体贴他人、善解人意的男子。因为他很照顾同组之人，也很疼爱他们，所以人望很高。吴广有一次当着同组众人的面，对率领全队的秦朝将校①，故意大声说道：

"啊！太烦了，太烦了！真想尽早从这里逃走啊！"

吴广这么嚷嚷，计划就是存心惹怒这位将校，让他来凌辱自己，以此来激怒同组的大众。果然，秦朝的将校勃然大怒，狠狠鞭挞吴广，然后顺势拔出剑来。吴广见状，迅速夺下了将校的剑，起身反手把这个秦朝的将校刺死。陈胜也立刻出手帮助吴广，杀了剩下的两名秦朝将校。

陈胜与吴广把大家集合起来说道：

"弟兄们！我们因为遇到大雨，早已经错过到达的期限了。错失期限是斩首之罪。即使侥幸没有被杀，守备边境的人，十人之中就有六、七人无法活着回去。男儿固有一死，死就要壮烈轰动！让后世知道我们的名字！'王侯将相宁有种

---

① 此处的"将校"，核对《史记》卷四十八《陈涉世家》，当为"将尉"。根据《广辞苑》，日语中"将校"（しょうこう），"校"指古代中国军队指挥官所乘车的木格，日语中指挥战斗的士官，一般指少尉以上的武官。而"将尉"一词仅用于古文，对于普通日本读者略有隔膜，故永田英正选用"将校"一词替代"将尉"。

乎！'王也罢，诸侯也罢，将军也罢，大臣也罢，有一点是肯定的：所有这些人和弟兄们一样，都是人！并不是天生的伟大啊！"

大家异口同声地响应道：

"我们惟你二人之命是从！"

于是，他们假借公子扶苏与将军项燕之名，让跟从自己起事者袒露右肩，所有人都立刻纷纷袒露右肩。这是当时成为同志的一种风俗。接着，他们又筑起了祭坛，供奉神明，将秦朝将校的首级放在祭坛上献祭，一起跪下宣誓。

就这样，反秦的大旗迎风飘展，第一支反乱军被组建起来了。陈胜自立为将军，吴广为副将，反乱军的武器是犁、锄头和木棒，从大泽乡开始出发，一路不停向西进攻。任何阻挡他们去路的秦朝驻军，都被他们摧枯拉朽般地击破。每攻下一座县城，反乱军就重新装备武器，扩充军力。由此军威大振。等到攻打距离大泽乡以西约二百公里的陈（河南省淮阳）时，他们的大军已经有战车七百余辆，骑兵千余人，步兵数万人了。

陈胜、吴广率领这支大军，一口气就攻陷了陈的城池。陈胜他们顺利入城之后，准备在此建立他们的根据地。

数日之后，陈胜召集陈以及附近地区的长者、头面人物等，商谈将来的计划。这些长者和头面人物说道：

"将军您亲披甲胄，手执利剑，击破暴虐的秦国，恢复楚国的社稷，这一功绩足以称王啊！"

于是，陈胜即位为陈王，国号为"张楚"。张楚，其意图为扩大、扩张楚国，使其变得强盛。

默默无名的田间雇耕农陈胜、吴广等人在陈的反乱消息，很快就一传十，十传百，在中国大地上迅速地传播开来。这件事给长期以来受到秦帝国暴政之苦的人们以极大的震动与冲击。特别是被秦消灭之后，一直在寻找机会兴复祖国的六国子孙以及遗臣们。他们纷纷趁此之机在各地兴起反乱军。齐国的田儋、田横，魏国的魏咎，赵国的赵歇，韩国的韩成，楚国的景驹，燕国的韩广等人，都不约而同起兵反秦。

这其中，就有将来成为大器的项羽与刘邦二人。

第二节 项梁、项羽的举兵

公元前232年，项羽出生于下相（江苏省宿迁）。项羽名籍，羽是他的字。

项氏是显赫的名门世家，他们世世代代担任楚国的将军，受封于项（河南省项城）而得其食邑，因此，以"项"为姓氏。

项羽最小的叔父是项梁，项梁的父亲，也就是项羽的祖父，是楚国的名将项燕。项燕在与秦国交战时被杀。陈胜、吴广反乱之际，为了吸引世人的目光，曾经宣称吴广就是项燕将军。

项羽自幼就是孤儿，被叔父项梁收养照顾。项羽身高八尺以上（约190厘米），能轻松地举起数百贯①重的铜鼎，拥有超过常人的神力。项梁非常疼爱这位"怪童"②，出于把复兴楚国的重任寄托给年轻的项羽的迫切心情，以及要把他培养成出类拔萃人物的热忱之意，项梁苦心教授项羽学问之道。然而，这个年轻人认为读书、写字实在是无聊至极，与自己的天性相去甚远，一点儿也提不起兴趣。项梁看到项羽无论拿到什么书，都是半途而废，然后弃而不读，于是让他停止读书，转而学习剑道。然而，项羽学剑道也是学到一半就放弃了。项梁忍无可忍，厉声斥责项羽。项羽不服气地回答说：

"读书、写字这些事，只要达到会书写自己名字的程度就足够了。剑道呢，一次也只能对付一个敌人。这两件事都不值得我拼命去学习。我想学的是能够'万人敌'的技法。"

听到他的这番话，叔父改而教习他兵法之道。项羽非常高兴地学习了起来，但是，兵法的大略掌握之后，项羽也就不想再继续深入学习了。

项羽浑身充满了阳光与活力，雄健的肌肉展示了他巨大的能量。然而，无论遇到什么事都能沉着冷静下来——这一

---

① 贯，日本古代的度量衡之重量单位，大致一贯等于1000枚"开元通宝"钱的重量，约3.75公斤。

② 日语"怪童"（かいどう），指比一般儿童个头大而且技能出色的儿童，与中文的字面意思存在差异。日本净琉璃、歌舞伎中有"怪童丸"的角色。

性格却是他怎么也拥有不了的。叔父项梁观察到项羽的这种态度之后，对于他今后能不能保持坚定的复兴楚国的意志，以及能不能完成打倒宿敌秦帝国的夙愿，渐渐感到了不安。这种不安并不是没有道理的。

后来项梁杀了人，为了躲避仇家报复，带着项羽一起亡命到了吴地。

项梁是一位具有贵族教养，而且武艺高强的男子。即使亡命到了吴地，不久也成为当地的头面人物。汇聚到他身边的门客、年轻人等等，多得不计其数。项梁不论在上司安排的土木工事上，或者是在吴地附近士人的葬礼上，总是担任斡旋人或者干事的角色，通过这些角色，项梁一边给他的门客、年轻人安排事务，一边暗中观察他们的才能如何，为将来举旗起兵作准备，项梁没有忘记要充分看透哪些是能用的人，哪些是不可用的人。

始皇帝在行幸会稽山的途中，顺便来到了吴地。这件事恰好就发生在项梁在吴地之时。

在吴地与始皇帝的相遇，对项羽来说，确实是他人生的一个重大转机。到目前为止，项羽非常自负于无人能敌的臂力，每天干的事，就是召集吴地的年轻人互相角力，以此炫耀自己的强壮。但是，自从一旦看到了始皇帝的身影，他身体里面长久隐藏着的楚人的血脉，骤然被唤醒了，开始激烈地流淌、偾张、爆发。

"我要取代他！夺取这个天下！"

这既是项羽的呐喊，同时也是所有流淌着楚国血脉的人们的呐喊。项羽的目光突然变得严肃起来，那神情显示他已经下定了决心。叔父项梁这才安心，终于露出了会心的、充满期待的微笑。

此后第二年的七月，陈胜、吴广反乱军的情报，也传到了吴地。

九月的一天，会稽郡长官殷通秘密地召见项梁，对他说：

"长江西北一带，所有人都高高举起了反秦的大旗。我听说'先即制人，后则为人所制'，所以本人也想兴军反秦，以项公您和桓楚二人为将军。"

项梁听到这席话，考虑到如果让眼前这个男人抢先一步起兵，那么之前复兴楚国所付出的心血就全部化为泡影了，就立刻说道：

"现在，桓楚正在逃亡之中，谁都不知道他到底藏在何处。不过，我的侄儿项羽，他可能知道桓楚的藏身之处。"

哄骗了殷通之后，项梁就暂时先退席。出门之后，项梁立刻把项羽叫来，告知项羽此事的来龙去脉，然后心生一计，让项羽持剑在屋外等候。当再次出现在殷通面前时，项梁这样说道：

"请您传我的侄儿项羽进来，让他奉阁下您的命令，去寻找桓楚吧。"

殷通答应了项梁的要求，于是传令项羽进屋。项羽进屋不久，项梁就用眼神示意：

"干掉他！"

于是冷不防地，项羽拔出利剑，突然袭击殷通，一剑就砍下了殷通的首级。

项梁顺势夺取了会稽郡郡守的官印，手持殷通首级走了出来。急急忙忙闻讯赶来的郡守侍卫们，立刻使用武器向两人发起了进攻。然而，项羽仅凭一人一剑，就横行其中如入无人之境。眨眼之间，倒下的侍卫们的尸体就堆积如小山一般。剩下的侍卫们被项羽的强大震慑住了，于是扔下武器，拜伏在项梁、项羽两人面前，再也没有一个人敢反抗了。

接着，项梁召集了郡所里面全部的官吏、武士，宣布自己代天行诛罚，已经杀死了在秦朝为官却要反叛秦朝的背叛者——殷通。从现在开始，由自己担任会稽郡的长官，并正式宣言，要举兵推翻秦帝国。

项梁命令麾下的诸将逐一平定了会稽郡治下的所有县城，并将钟离眜、季布为首的八千精兵，收归自己帐下。

项梁，将自己早先相识的吴地的豪杰、俊少，分别授予从师团长到下士官①的军衔。其中有一位没有得到任用的男子，这位男子对此表示抗议，项梁说道：

---

① 永田英正这里用了现代军衔指代项梁起兵时，授予的高低不同的职位。《史记》卷七《项羽本纪》："梁部署吴中豪杰为校尉、候、司马。"

"此前我让你处理某公的葬礼诸事，你都没办好，让人很不满意。现在举兵起事这么重要的事，怎么还能让你担任呢？"

以此拒绝了他。听闻这件事的吴中豪杰，大家都非常敬畏项梁，也从心底佩服他。

项梁担任了会稽郡的长官之后，就任命项羽为副将，由他去平定江南一带地域。

当时，广陵（江苏省扬州）有一位叫做召平的男子，他听闻陈胜举起了反秦的大旗，就加入了陈胜的反乱军，想要攻占广陵，但是失败了。于是召平渡过长江，亡命吴中。

召平谎称受陈胜之命，授予项梁为张楚政权的"上柱国"宰相之位，并命令项梁："立刻率领军队，去进攻秦军！"

于是，项梁与项羽，率领八千劲卒北渡长江，踏上了他们雄壮的远征之途。

西行途中，当他们到达了东阳（安徽省天长西北）之时，陈婴率领数千名志同道合的反秦义军加入，此后黥布也率领数千名部下前来投奔。

黥布本名英布，是六（安徽省六安）地之人。他在青年的时候，有一位客居此地的旅人，为他仔细相面，然后惊讶地说：

"这个人的面相，虽然会遭受一次刑罚，但之后就一定会成为王侯，真是不可思议的面相啊！"

英布听了这席不合常理的话，不禁付之一笑。但是，这一预言很快就变成了现实，它将给英布的命运带来彻底的改变。

后来英布到了壮年，果然因为犯罪而受到了"黥"的刑罚，并被罚到骊山陵从事苦工。在骊山的时候，因为天生豪爽、胆大，不知不觉就升为刑徒们的"亲分"（老大）①。此后，英布与一伙生死之交的刑徒从骊山逃走了，一路逃到长江下游，成为群盗之一，并在家乡六地一带扎下根据地。附近的人称他为"黥布"（被墨刑过的英布之意），非常害怕他。陈胜反乱军兴起之后，英布也率领数千名部下起事。恰巧在这个时候，项梁大军北上西征，又统合了陈婴的部队，现在进军到了淮水。听闻了这个消息，黥布就率领部下一起投奔了项梁。

以陈婴、黥布为首，项梁逐渐将各地的同道者集合在一起继续进军。当到达下邳（江苏省邳县东）时，所拥总兵力已经达到了六、七万人之多，接近江东起兵时的十倍。

第三节　刘邦的举兵

就在项梁、项羽在吴地反乱的差不多同一时候，距离吴

---

① 日语"亲分"（おやぶん），一方面可以指义父义母，另一方面特指黑社会组织、门阀、赌徒之中的头领、老大。而且这种头领掌握组织里面其他人的生杀大权。

地以北数百公里的沛县丰邑（江苏省丰县），命中注定要与项羽一决雌雄的刘邦，也兴兵起事了。

刘邦出生于一个并不富裕的中层农民家庭，其父亲名叫"太公"，母亲名叫"刘媪"，但实际上这都是类似"爷爷""奶奶"之类的共通称呼，刘邦父母的真实名字已经无法考证了。同样，刘邦的字是"季"。所谓"季"，就是同姓内兄弟顺序"伯、仲、叔、季"中最小的弟弟的意思。刘邦用这个"季"为字，但"季"一开始并不是他一个人专属的固有名词。

刘邦后来成为汉朝的开国皇帝，也就是汉高祖。无名小卒一跃而成为了顶天立地的英雄，每当此时，就会有各种各样的传说加在他的身上。刘邦的情况自然也不例外，围绕他出生的情况如下：

有一天工作闲暇之余，刘媪在河堤上打了一个盹，梦见自己与神灵相会。恰在这时，突然间电闪雷鸣，四周一片漆黑。太公非常害怕，连忙跑去河堤那里看刘媪有没有出事，只见她的身上缠绕着一条龙！此事不久之后，刘媪就怀孕了，生下了刘邦。没有经过男女性行为就怀孕并生下了小孩，这种情况，通常是把普通人"神格化"的一种感生传说。

此外，刘邦生下来就鼻梁很高，面庞像龙的脸，须髯非常漂亮，左边大腿上有七十二颗黑痣。根据另一种说法，"七十二"这个数字，是由天之数"九"，乘以地之数"八"所得而来。预示着刘邦秉持着天地之德。总而言之，这个七十二颗黑痣之说，也是刘邦获得巨大成功之后，附加到他身上的神异之辞。

年轻时候的刘邦，就是一个凡事不拘泥于小节，豪爽痛快的人物。但是，他非常厌烦本本分分的田间农活，沉迷于美酒和女人，是一个讨人嫌的家伙。哎！如果让刘邦当上一个小吏，也许他多多少少会谨慎、安稳一点吧——村里的头面人物就这样商量定了。然后，刘邦到了壮年就当上了"亭长"，也就是相当于村里面的"驻在所所长"①。但是，他根本不管自己应该负责的村里面的事务，大白天就在酒肆喝酒鬼混，彻头彻尾是一个改不了的无赖汉。

有一次，刘邦外出到首都咸阳从事劳役的时候，碰巧也看到了始皇帝的行列队伍，他叹息道：

"大丈夫生当如此！"——啊！既然身为大丈夫，至少就要变成他这个样子啊！

如果把刘邦的这席话与项羽遇到始皇帝时发出的叫喊作一个对比，实在是耐人寻味的轶事。以日本的武将作例子，项羽活脱脱就是织田信长，而刘邦大概就是德川家康吧！②

---

① 日本"驻在所"（ちゅうざいしょ），主要负责巡查所在区域的安全等事务，类似于中国的"派出所"。

② 织田信长（1534—1582 年），日本战国、安土桃山时期的武将。天正元年（1573 年）推翻了室町幕府，当织田信长完成了日本的统一大业之后，在京都的本能寺遭到德川家康（1542—1616 年）家臣明智光秀的袭击，自杀而亡。织田信长死后，德川家康凭借关原之战称霸日本，开启了江户幕府时代。

就在这样的刘邦面前，有一天，一件幸运的事突然降临。

单父（山东省单县南）的豪族中，有一位叫吕公的男人。他因为土地纠纷被仇家盯上了，于是去投靠昔日的友人——沛县的县令（类似日本县知事）。县中所有衙役以及沛县的头面人物，知道县令那里来了一位尊贵的客人，于是都准备为他接风洗尘。大家一个接着一个，手持贺礼，前去拜会。其中就有此后出世成为汉代名相的萧何——他当时是县中衙役之一。门前接收贺礼的地方，逐渐变得拥挤不堪。

"贺礼折算成铜钱，一千钱以下的客人，只能让到堂下去坐！"

门房役人这么大声嚷嚷着。

虽然我们不知道当时（秦）的谷价究竟是什么程度，但是到了此后的汉代，如果折算成日本的斗量制度，大约是一斗六十、七十钱，这可以视为一般的情况。在秦末的天下动乱期，不难想象谷物价格肯定是飞速高涨的。以现今日本的物价来看，如果一斗大约二百、三百钱的话，那么一千钱相当于一俵①米吧。

刘邦从心底就看不起这种势利眼的门役，于是大胆地喊道：

"我要敬献贺礼一万钱！"

---

①俵（**たわら**），日本贮藏搬运米、水产品等的稻草袋子，用粗稻草席和圆盖做成。

然后递上名刺。门役欢天喜地地请刘邦一直走进内堂，但实际上刘邦身上一文钱也没带。

吕公听到有人要上贺礼一万钱，身为富豪的他也吓了一跳，又仔仔细细端详了刘邦，发现他的面貌长得非常气派出众，就郑重地引着刘邦坐在了上座。

萧何在下面见到了这一切，说道：

"刘邦一直以来就是光会说豪言壮语、夸大其词，连一次也没有兑现过！这个家伙！"

于是想上前去阻止刘邦。然而，刘邦自己却对这种事不以为然，悠悠哉哉地坐上了上座。欢迎酒宴开始了。吕公对于辨识面相的"相人术"颇有研究，可以说对此道颇为自负。他目光深邃地盯着刘邦很久，说道：

"老夫我尚是孩童的时候，就喜好相人之术。到了今天这个年纪，已经看过了不知多少人的面相，但是，像你这样贵不可言的面相，还是第一次看到。从今而后，请善自珍重啊！正好，老夫还有一个年轻的女儿，就让她侍奉你左右，以供洒扫，你看如何？"

吕公的妻子听到丈夫这番话，愤怒地说道：

"咱们正是因为想把女儿嫁给身份高贵的大人物，所以连沛县县令大人的请求都已经拒绝了。偏偏现在把女儿嫁给那个混蛋刘邦！这到底是怎么回事啊！"

吕公回答道：

"这不是你们女流之辈所能了解的事！"

说完之后，吕公就把女儿嫁给了刘邦。

村里的无赖汉、游手好闲不事务农的坏小子刘邦，居然被吕公一见之下，就认定是将来会成就一番伟业的大人物，还把自己美貌的女儿嫁给他。引起吕公如此重视的刘邦，他身上一定是具有某些异于常人、可成大器的潜在素质吧！有了豪族吕公作为自己的后盾，刘邦终于踏出了他人生成功的第一步。

刘邦因为担任亭长的职务，所以奉县里面的命令，带领从村里面征用的劳役百姓，去修筑骊山陵工事。这是一件去了就回不来的重型体力活。勉勉强强出发的劳役者们，内心是极不情愿的，刚刚踏上路途，就立刻有人逃亡。按照这样的逃亡速度与频率，估计到达目的地的时候，所有人都逃光了。如此一来，作为负责人的刘邦也会被斩首。他把队伍停在丰邑西边人烟稀少的沼泽地附近，请大家喝了一晚上的酒。然后，在那天夜里，刘邦对大家说道：

"诸位弟兄们！你们想逃到哪里都悉听尊便！老子我自己，从此也打算浪迹天涯了！"

说完这席话，刘邦就把所有的劳役者们全员解散了。其中有十几个人，非常仰慕刘邦的豪爽为人。他们和刘邦一番痛饮之后，皆已微醺，然后心情愉悦地迎着夜风继续前行。突然，他们其中走在前面的一个人，脸色苍白慌慌张张跑了回来。别人问他到底怎么了，他颤抖着上气不接下气地说道：

"前面的路上盘着一条大蛇，无法通行啊！我们赶紧折回去走吧!"

刘邦这时也已经喝醉了,说道:

"壮士经过,区区一条蛇拦路,有什么可怕的!"

说完他继续前进,果然,很快他也走到了那条大蛇的旁边。突然间刘邦就拔出佩剑,将大蛇一击斩为两段。刘邦就这样又走了一段路,然后酒劲上头,晕乎乎撑不住了,就横卧在道路旁边呼呼大睡了起来。其他同伴们过了一阵子,才战战兢兢地慢慢跟上去,只见路边一个老婆婆在那里哭泣,一边哭老婆婆还一边说:

"我的儿子被人杀死了……"

大家很好奇地问她到底怎么回事?老婆婆回答道:

"我的儿子是白帝(代表着'秦')之子,在变身化为大蛇的时候,被赤帝(代表着'汉')之子所斩杀了啊,呜呜呜……"

大家都以为这位老婆婆在开玩笑戏弄他们,这群醉醺醺的大汉非常生气,准备抽出鞭子抽打这位戏耍他们的老婆婆。就在这一瞬间,老婆婆凭空消失在夜幕中。因为这个插曲,他们晚了一阵子才赶到刘邦那里。而刘邦也刚好醒了酒,正坐了起来。大家把老婆婆奇怪的话告诉了刘邦,听闻之后,刘邦内心一阵狂喜,但是脸上却没有表露出任何异样的神情。大家就这样越来越敬畏刘邦了。

陈胜、吴广反乱的情报,也传到了沛县。同时,周围的郡县也传来了县民杀了当地长官,投奔陈胜的各种真真假假的消息。听到了这些铺天盖地消息的沛县县令，感到自己身处危险的漩涡之中，也想率先在沛县举兵，加入陈胜的反乱大军。县令属下的官吏萧何，以及狱吏曹参，一起向县令进言：

"大人您身为秦帝国的官员，您如果起兵谋反的话，沛县父老恐怕不会跟从啊！不如把逃亡在县外的人们召回来，利用他们来恐吓威胁沛县的民众，那全县的人就都会听从大人您的命令了。"

县令接受了他俩的建议，于是就派出了在县中以屠宰为业的豪杰樊哙，让樊哙去把刘邦他们找回来。

此时此刻，刘邦与手下数百人，正潜伏在沛县西南约七十公里的芒、砀两座山中。

樊哙果然找到了刘邦他们，并将他们带了回来。但是，县令在派出樊哙之后，对于自己背叛秦帝国的行为又感到后悔了，恐怕刘邦这伙无赖汉们回来之后，只会引起沛县的内乱。县令在骤然之间改变了主意，他命令封锁城门，坚守沛县，并想要杀掉萧何与曹参等人。萧何他们得知之后，慌忙翻城而逃，一直逃到刘邦那里。

刘邦将丝帛裂开，写下了如下之语，然后将帛书绑在箭上纷纷射入城中：

"天下之人，已经受够了秦朝的暴政！现在，沛县的父老子弟，如果你们为秦朝的走狗县令卖命的话，诸侯们的反乱军很快就要到了，沛县就会被占领、被屠城！当今之策，父老子弟们要立刻杀死县令，加入反秦的诸侯大军之中。否则，大势一去，众人皆休!"

沛县的父老子弟读到刘邦的帛书，顿时群起而杀死了县令。然后，大开城门，欢迎刘邦一行入城。并尊奉刘邦为新的县令。刘邦推辞说道：

"我自己恐不能胜任这一位置啊，父老子弟们还是另谋高人吧?"

然而，父老们再三请求，刘邦无法拒绝，最后被推举为"沛公"。在沛县正式举兵反秦。以沛县原来的官吏萧何、狱吏曹参、屠夫樊哙、葬仪师周勃、马车夫夏侯婴、幼年好友卢绾等人为首，沛县从军者共有三千人。因为赤帝之子斩杀了白帝之子，所以刘邦起兵的旗帜，全部使用红色。

就这样，两个身份完全不同，背景也完全不同的男人——项羽、刘邦，却意外地同时在楚地举起了反秦的大旗。两人被命运之星注定了要成为彼此殊死搏斗的对手，在今后的数年间，他们开始了各自的奋进行动。

当时，项羽年仅弱冠二十四岁，是一个血气方刚的"若武者"①；而刘邦年近五十，已经到了洞悉世事的成熟年龄。

公元前209年秋天终于就要结束了。

_____

① "若武者"（わかむしゃ），日语年轻武士的意思。

第四章

正义的旗帜

第一节　陈王之死

陈胜以陈为根据地，自称陈王之后，就决心乘势出击，一举打倒秦帝国。

于是，陈胜任命曾经在楚国担任过军师之职的周章为陈的将军[①]，率军攻击秦都咸阳。周章的军队在进击途中，不断吸纳各地的反乱军，转眼之间就发展膨胀成数十万的庞大军队。第二年（公元前208年）的正月，直逼与咸阳距离极近的戏（陕西省临潼）。

在此之前不久，东方爆发反乱之潮的情报，已经通过秦

---

①周章，即周文也。《史记·陈涉世家》说周章曾经"为项燕军视日"。《史记集解》引如淳曰："视日时吉凶举动之占也。"也就是说周章精通先秦时代的占候与天象，故永田英正将其称为"军师"。《史记》下文又云："陈王与之将军印。"

的使者传到了二世皇帝那里。但是，二世皇帝根本没有意识到事态的严重性，反而将传达这一情报的使者作为忤逆犯上者投入监狱。因此，接下来不断传来的消息就变成了：

"确实有一些群盗作乱，但正被郡县官吏以及军队迅速逮捕之中。"

"群盗很快就要被一扫而光了，请皇帝您不用太担心。"

——诸如此类，全是为了取悦二世皇帝的胡言乱语。然而，蒙在鼓里一无所知的二世皇帝对此非常满意。

但是，当周章的反乱大军已经逼近咸阳的东郊，消息传来之时，二世皇帝统治下的秦廷官员都被吓得毛骨悚然，他们非常恐惧，顿时变成了狼狈不堪的样子。二世皇帝没有办法，只能召集群臣商量对策。章邯上前进言道：

"贼徒现在果真迫近了！他们的军队人很多而且很强大。即使现在召集周围郡县的秦帝国士兵，时间上也来不及了。幸好因为营造骊山陵墓，我们征用了大量的囚犯作为劳动力。现在，请皇帝赦免他们此前所犯的罪行，并给他们配备武器，让他们起来去消灭贼徒吧！"

章邯骁勇善战，精于战术谋略，是秦帝国有名的武将。二世皇帝听从了章邯的建议，立刻发布大赦令，释放所有的囚犯，免去他们的罪行，征召入伍，由章邯作为将军率领他们对抗反乱军。

像漫天云霞一样铺天盖地的数十万反乱军，其实换句话说，就是没有统制之下的乌合之众。他们以农民为主体，夹杂着不满分子以及无赖之徒。由于没有接受过战斗训练，众多阶层的人就这样被草草组织起来，构成一个看似庞大的军团。更重要的是，统率他们的将军周章，缺少实战经验，在章邯面前形同外行。两方的大会战刚刚一开始，反乱军就被名将章邯的巧妙战略部署牵制住了，很快反乱军就遭受大败。周章本人被秦军穷追不舍，几番失败之后，周章只能自杀身亡。

接到捷报的二世皇帝，非常高兴，他进一步增强秦帝国军队的实力，派出了长史司马欣、董翳等人，与章邯一起，彻底肃清反乱军。加入了这些援军之后，原本采取守势的秦军达到了数十万人之多，反而一下子就展开了攻势，并一鼓作气打下了陈的根据地。这一下子像捅开了马蜂窝，各地反乱军与秦军之间展开了激烈的混战。

在这种混战状态之下，吴广于荥阳（河南省荥泽东）被属下的将军杀死；陈胜于下城父（安徽省蒙城）被御车的男子杀死。两位起事的英雄就这样悲惨地去世了。

如此一来，虽然说陈胜、吴广率领的反乱军，从揭竿而起到分崩离析仅仅只有六个月，但是他们从一开始就是在明确打倒秦帝国的革命意识下崛起的。这种意识此后成为项羽、刘邦等各路群雄起兵的导火线，并最终将秦帝国逼入灭亡的深渊。在这一点上，他们的反乱作为后世众多中国农民反乱的鼻祖，在中国历史上留下了永远不朽的名字。

第二节　拥立怀王

项梁率领总兵力达到七万人的军队，在下邳列阵迎敌。但是，在势如破竹的章邯秦帝国大军猛力压制之下，项梁只能舍弃下邳，撤退到薛（山东省滕县）。

陈胜之死的情报，恰好在这个时候也传到了军中。于是，项梁准备召集诸将，商议善后之策。以身边诸将为首，然后项梁让其他协助自己的群雄也集合到薛。业已成为沛公的刘邦、陈的吕臣、楚的宋义等等人物，陆陆续续都开赴到薛。其中有一位名叫范增的男子，他是居巢（安徽省巢县）人士，当时已经是超过七十岁的老人了。范增擅长占候天文，也精通兵法布阵。他才能高超，被认为是"天下第一"的贤者。虽然很久之前出仕过，但性不耐俗物，所以隐居深山之中，筑一小庐，准备了此余生。但是，范增对于秦帝国的暴政有着强烈的不满与愤怒。他偶然之间听到项梁召集天下群雄会聚于薛的消息，便赶来想为反乱军出谋划策。

在群雄的聚会现场，范增向项梁进言道：

"陈胜败北，这一结果其实是老夫意料之中的事情。在被秦国征服的六国之中，楚国是怨恨秦国最深的，被秦国灭国也是最为冤屈的。当年，秦国招楚怀王开会，用卑劣的手法将怀王捕获，并长期监禁他。楚怀王至死都没有能回到自己的故土。这件事发生以来，楚人对秦的怨恨深入骨髓，从未消失。楚人互相说道：'楚虽三户，亡秦必楚'，并从心底立下了坚定的誓言。然而，陈胜在起兵反秦的时候，却并没有拥立楚王血统的子孙，而是自己登上了'陈王'的王位。如此一来，陈胜的威德就日渐消退，不能持续下去了。他的失败并不是没有道理的啊！项公，现在您从江东举兵反秦，旧楚之国，各地蜂起的诸位将军们，争前恐后地汇流到项公您的身边，正是因为项公的身世，祖上代代为楚国的将军。他们诚挚地期待着，像项公您这样的人物，一定会复兴楚国，也一定会完成他们再立楚怀王子孙的夙愿啊！"

因为秦帝国的暴政，揭竿而起的反乱军，不能仅仅停留在暴徒与草寇的性质上，而是应该为了革命的成功，必须高高举起正义的旗帜，满足民众的期待，这样就可以汇聚所有人的力量。范增的这一番话条理分明，思路清晰，以项梁为首的诸位将军，当然对范增的进言心服口服。

于是，项梁命令部下去搜寻原本楚王散落民间的子孙，终于找到了受雇于人放羊的牧童——心。因为心是悲剧国王楚怀王的孙子，所以他们同样称他为"楚怀王"，奉为主君。然后定都于盱台（安徽省盱眙东北①），项梁任命陈婴为楚国的最高长官——上柱国，负责楚怀王的安全以及首都的防卫，自己则聘迎范增为军师，准备与秦帝国的最终对决。

---

① 民国时代，盱眙县曾经直属安徽省，新中国于1955年将盱眙由安徽省划归江苏省。

项梁在都城盱台整备好了大军的战斗序列之后，就率领项羽、刘邦等人，统帅全军出征。首先，他们进攻北部的亢父（山东省济宁南），成功之后又继续进攻东阿（山东省东阿南），在此大破秦军。

占领了东阿的项梁，在此将部队一分为二。以项羽和刘邦作为别动队，攻击城阳（山东省濮县[1]东南），然后自己率领大军，让吕臣、宋义等跟随着，进攻定陶（山东省定陶西北）。在定陶，项梁再次击溃了秦帝国的军队。

接二连三的胜利，使项梁非常得意，其态度逐渐变成了轻视秦军。他的这种态度，很快也蔓延到整个军队之中。宋义向项梁谏言，不可由此轻敌，但是项梁充耳不闻。果然，秦军开始积聚所有力量进行反击。名将章邯率领的秦军，趁虚而入发动了奇袭作战，将定陶的楚军彻底击垮了。

而项梁也疏忽了加强自己身边的警备守卫，就在他的灭秦大愿刚刚达成过半的时候，悲惨地被一群不知姓名的秦兵斩杀了。

另一方面，项羽和刘邦的别动队，顺利攻占了城阳，继续追杀着溃败逃窜的秦军，攻城略地，一路占领了濮阳（河

---

① 濮县 1952 年属山东，1956 年并入范县，1964 年划归河南安阳，1983 年并入新设的河南濮阳市。永田先生此书初版于 1966 年，也许当时日本的中国地图资料尚标注濮县属山东管辖。

南省濮阳南）、雍丘（河南省杞县），已经逼近了陈留附近。

项羽在战场上的神勇表现令人无比惊叹，常常是身先士卒冲入敌阵，完全就是一头猛虎。以他这种势头，让人感觉似乎可以一口气猛攻进秦帝国的都城咸阳吧。

然而，项梁战死的噩耗很快也传到了项羽那里。项羽和刘邦都认为，如果就这样继续命令部队挺进，士气可能会受到（项梁去世的）影响，只好咽下委屈怨恨的"无念之泪"①，下令撤军。

项羽等人撤退到了东边的彭城（安徽省徐州②）。项羽驻扎在彭城以北，吕臣驻扎在彭城以东，刘邦驻扎在砀（安徽省砀山南），各自部署下防守阵形。

秦将章邯认为剩下的楚兵已经不足为虑了。他突然调转兵锋，将矛头对准了北方的赵地，开始展开攻击。

身在盱台的楚怀王，听到了项梁战死的噩耗，慌慌忙忙地将都城迁到了彭城。同时，命令所有楚军到彭城汇集，以楚怀王为中心，商议对策，准备反击。恰好在这个时候，从赵地赶来了一匹快马，急呈上如下书信：

"钜鹿城已经被章邯的三十万大军包围了，我们的命运已

---

① 无念（**むねん**），日语中的佛教用语，指不含妄念，万事皆空或者懊悔遗憾之意（但并不完全对应汉语的"悔恨"）。日本剑道中亦有"无念流"。

② 徐州在1949年属山东省直属管辖，1953年划归江苏省。1955年，徐州专区的萧县划归安徽省。

经到了刻不容缓的危急关头了，希望楚王急派援军!"

当时，赵歇即赵王之位，宰相为张耳，将军为陈余。以信都（河北省邢台西南）为国都。然而，因为信都受到秦军的猛攻，赵王与张耳带着残余部队，逃进了钜鹿城。另一方面，陈余率领数万的赵军，在钜鹿城之北列阵。史书上称其为"河北之军"①。

秦将章邯将手下三十万大军一分为二，一军由自己的部将王离、涉间、苏角率领，继续包围钜鹿城；另一军由自己率领，在钜鹿之南布阵。如此一来，章邯认为就可以确保自己军队粮食补给线的安全，也可以防备赵国援军的偷袭。

秦汉时代大会战的胜败，与近代军事战争的情况不同。在当时，胜负取决于哪一方能够尽快将对方将军的首级砍下。因此，要么是白刃战或者骑兵对战中斩下敌将的首级，要么是断绝对方军队的粮道，以此两种方法中的一个来降服敌军。在这种逻辑下，即使是动员了上万，乃至几十万的士兵，如果失去了总帅，那么士兵们就彻底丧失了继续作战的资格。

---

① 《史记·项羽本纪》："陈余为将，将卒数万人而军钜鹿之北，此所谓河北之军也。"牛运震《空山堂史记评注》卷二云："'此所谓河北之军也'，断笔以便更端，文法甚妙。"郭嵩焘《史记札记》云："其于陈余一军特云'此所谓河北之军也'，以明钜鹿之战得力处，全在绝秦甬道，项羽实独任之，与河北之军无涉。史公自具神识，于此分析言之。"

譬如当时战前的运动竞技活动之一的"骑马合战"。以五人为一组，每组以一位骑手为首领，和对方一组的骑手们在马上进行搏斗，只有首领才能用手与对方的首领进行搏斗，其余四位骑手只能策马前进助威。然后，哪一组首领最先摔倒在地，那么那一组就输了。输了的五人组就同时都丧失了搏斗的资格，只能退回本阵。在这种情况下，搏斗的骑手就是大将，其余四人都是士兵。那么古代中国的会战，几乎就是这样放大了的"骑马合战"。

章邯看到赵王与张耳蛰伏在钜鹿城中，不急于出城决战，于是就采取了封锁钜鹿城粮道的持久战。

钜鹿城内的食粮，日渐匮乏。张耳再三派人催促陈余进攻秦军。但是，陈余一点也不打算出击。对陈余来说，与秦帝国的大军相比，自己的"河北之军"兵力太少了，根本不可能是秦军的对手，于是就采取观望的态度。张耳勃然大怒，派出张黡、陈泽去责备陈余。

陈余深感自责，借给了两位来使五千左右的兵力。但是，这点儿赵兵在到达钜鹿城下之前，就被全部消灭了。

张耳与陈余，两人都出身魏的大梁（河南省开封）。早年彼此之间为了友谊，声称即使被斩首也在所不惜，也就是"刎颈之交"的挚友关系。然而，从这件事情以来，两个人的关系彻底决裂了。彼此仇视，两人的命运也从此发生了巨大的变化。

张耳得知陈余的"河北之军"根本不愿真心救援钜鹿城

之后，于是派出快马使者奔赴楚、齐、燕等诸侯之处求救。

第三节 怀王的约定

楚国收到求救信之后，立刻以楚怀王为中心，召开了首脑级重臣会议。会上，他们洞若观火地明确了一点：如果赵国失败了，章邯的大军接下来就一定会进攻彭城这里。

范增说道：

"请派遣援兵吧！无论如何一定要救赵国啊！"

于是，楚怀王命令宋义为上将军，封项羽为鲁公同时为宋义的次将，范增为末将，组成援军，开赴赵国进行救援。这支楚国的救援部队被称为"卿士冠军"，也就是由"公达"①率领的军队的意思。又派遣刘邦指挥一万士兵作为另一支军队，命令他向西攻略秦都咸阳。

在所有军队出发之前，楚怀王召集诸将，宣布了如下之约定：

"先入定关中者王之！"——哪位将军最先攻入关中，平定那里，就封他为关中王！

所谓"关中"，是指函谷关（河南省灵宝西南）以西的渭

---

① 公达（きんだち），又写作"君达"。日语中指亲王、诸王的家族，或者是指摄家（せつけ、清华（せいが））等贵族上流子弟。

水盆地①，关中的中心位置就是秦帝国的都城咸阳。盆地这种地形作为有着天然屏障的要隘之地，其坚固难攻是非常明显的。同时，其土地肥沃，自古以来就是中国文化的发源地之一，号称"金城千里，天府之国"是也②。因此，支配这片土地的人，事实上就相当于支配了天下。

听到了楚怀王的这一约定，诸将都勇气倍增。然而，只有项羽对这一约定不服气。因为他一刻也没有忘记叔父项梁被秦军杀死的仇恨，已经下定决心要用自己的双手结束秦帝国的生命。但是，现在的任务却是派自己去增援赵国，而派刘邦攻略关中！

因此，项羽对楚怀王的作战分配方案非常愤怒，再三坚持要求与刘邦一起合力进攻关中。他的这一强硬态度，让楚怀王以及诸将预感到了不安。

当项梁还在世的时候，曾经命令项羽攻打襄城（河南省襄城）。襄城的秦军坚决不肯投降，而且守备非常坚固，项羽遭到了意想不到的顽强抵抗。经过一番恶斗苦战，项羽终于攻陷了城池，随后他把城内所有的敌军以及所有的百姓，全部活埋。对于胆敢激烈抵抗自己的人，项羽丝毫没有宽赦的

---

① 《史记·高祖本纪》司马贞《史记索隐》引《三辅旧事》云："西以散关为界，东以函谷为界，二关之中谓之关中。"又，颜师古注《汉书·高帝纪上》云："自函谷关以西总名关中。"

② 此语是张良劝刘邦不要定都洛阳而要定都关中的话，出自《史记·留侯世家》。

余地，这就是他的做事方式。从这一方面来看，项羽处理问题的手法，完完全全是一个继承了将军家族血脉的纯粹武人。然而，对于他坑杀俘虏的这些做法，产生非难之声也是理所当然的。故而逐渐形成了"项羽是暴虐的人"这一定评。

楚怀王与诸将之所以惊恐与害怕项羽，也正在于这一点。现在，各路群雄要在正义的旗帜下铲除暴秦，如果让项羽冲在最前面打头阵，那么民众肯定不能和他同心同德。因此，"不应该让项羽加入攻略秦国都城的部队之中"，这一见解在楚怀王与诸将那里达成了共识。

楚怀王，始终都没有答应项羽的请求。项羽没有办法，只能率军北上钜鹿城。

公元前208年的闰九月，项羽与刘邦分兵两路，争夺咸阳的大竞赛，在此拉开了帷幕。

第四节　钜鹿之战

从彭城出发，前往钜鹿的宋义、项羽援军，不久就抵达了安阳（山东省曹县东）①。然而，作为上将军的宋义，在安阳安营列阵之后，就令大军停下来一动也不动了。一下子就过去了四十多天。军粮也逐渐出现短缺，士兵们开始抱怨连

---

① 《史记正义》引《括地志》云："安阳县，相州所理县。七国时魏宁新中邑，秦昭王拔魏宁新中，更名安阳。"

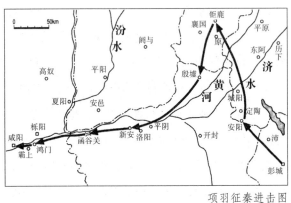

项羽征秦进击图

连。其中，最忍受不了的当然就是项羽。他找到宋义，逼问道：

"钜鹿城已经是'风前之灯'①了！你却把我们的援军钉在安阳一动也不动！你到底居心何在！请你尽快下达出阵进攻的命令！"

宋义闻听此言，回答道：

"谚语有一种说法'搏牛之虻，不可以破虮虱'——即使捉住了虻虫，也不能破除虮虫与虱虫的祸害。虻虫，现在就是比喻章邯的大军；秦帝国本身，才是虮虫、虱虫的祸害之

---

① 风前の灯（ふうぜんのともしび），大致对应为"风中残烛"之意，但日语中"风前の灯"还另有禅宗的语义背景在，如《坐禅三昧经》"譬如风中灯"，特别指危及生命的大难，比"风中残烛"紧迫感更加强烈。

源。所以说啊，即使我们在钜鹿击败了章邯的部队，也无法彻底摧毁秦帝国，只是白白地浪费我们的兵力而已。现在，秦军正在攻打赵国，假如秦军获胜了，那么他们的士兵一定疲惫不堪，等到秦军疲惫之后，我们再发动进攻，才是良策啊！反过来说，假如秦军败给了赵国，我们正好可以一举向西进攻秦帝国的根据地。所以不管怎么样，现在没有出阵的必要。在身披铠甲，拿起武器冲锋陷阵方面，我不如贵公您；但是稳坐在军阵中出谋划策方面，贵公您就不如老夫我啦。"

就这样，宋义不仅拒绝了项羽的要求，还在军中发布如下命令：

"违抗命令胡乱行动者，斩！"

但是，宋义做的事却和自己说的话完全相反，他企图让自己的儿子宋襄当上齐国的宰相，所以才滞留在此地与齐国展开反复的交涉。宋义在大帐中频频与齐国来的使者举行宴会，但一点儿也没有进军赵国的意思。

阴历的十一月，华北大地上寒风凛冽，楚国的士兵们忍受着饥饿和严寒的折磨。项羽终于下定了决心：

"今年的年份，粮食歉收，百姓贫困，我们手中的军粮也接近枯竭了。士兵们每天只能喝粥度日，但是宋义却长期逗留在这里，一动也不动！只顾自己日日夜夜开办笙歌宴会，享受着奢华的饮食。说什么'等待秦军疲惫之后再行动'，如果强大的秦军猛烈进攻新复国的赵国，那么赵国的崩溃是显而易见的。赵国一灭，秦军只会更加强大！到那时万事皆休，怎么可能'等待秦军疲惫之后再行动'！而且，就在数月之前，我们楚军新败给了秦军，为此楚怀王心痛不已，坐不安席。所以举全国之兵力，尽数交给宋义，也就是把楚国的国运托付给了宋义。楚国能不能复兴，真真切切就在此一举啊！在这么重要的社稷大事面前，居然还沉迷于自己的私事，简直是岂有此理①！宋义不就是国贼吗！"

第二天早晨，项羽要求面见宋义。在营帐里面，项羽出其不意，一刀就砍下了宋义的脑袋。然后对军中诸将士宣言：

"上将军宋义，与齐国密谋，企图谋反楚国。我奉楚怀王之命，已将其诛杀正法！"

诸将都被项羽慑服了，跪伏在他的面前，没有一位将士提出异议。毋宁说，这些楚国将士的内心，反而对宋义被杀感到高兴吧！他们尊立项羽为"假上将军"②。

项羽派遣桓楚回去，向楚怀王汇报诛杀宋义的前后经纬。楚怀王随后任命项羽为正式的"上将军"。

于是，项羽代替宋义掌握了全军的指挥权，他立刻指挥

---

① 此处日语原文是"言语道断"（ごんごどうだん），本出自《璎珞经》："言语道断，心行处灭。"后来进入日语书面语（如《平家物语》）与口语，也可指"岂有此理"。

② 颜师古注《汉书》云："未得怀王之命，故且为假也。"陈直《汉书新证》在《陈胜项籍传第一》"九月会稽假守通"句下按云："汉代官制，假有两义，一兼摄，本文是也。一暂摄，项羽为假上将军，韩信假齐王是也。"

楚军出阵，发出了向钜鹿城进攻的指令。

首先，项羽以两万人左右的兵力组成了先锋队，任命黥布为先锋队的将军。黥布一行渡过了漳水，到达了钜鹿，看到了包围钜鹿城密密麻麻的秦帝国大军，丝毫没有犹豫就下令发动了猛攻。但是双方兵力实在过于悬殊，寡不敌众，即使有着猛将威名的黥布，也没有能取得预期的战果。黥布在前线鏖战苦斗的消息传到了项羽那里。

"好！"

项羽立刻站了起来，率领主力部队渡过了漳水，目标钜鹿城就近在咫尺了。

他首先下令，将乘坐的船只全部凿沉。然后，每人只许携带三日的食粮，其余的锅釜炊具乃至兵营帐篷，全部打碎、烧毁。这次的战役，是赌上了楚国的生死存亡，来决定天下归属的关键一战。他的这一举措，是向全军将士表达了如下悲壮的必死决心：倘若此战不胜，就不再活着踏回楚国的故土！

以项羽为首的楚军主力，首先切断了秦军的粮食补给线，然后呐喊着向包围钜鹿城的秦军猛扑过去。第一次突击被秦军打退了，再突击再被打退……楚军一共向秦军阵地猛冲了九次。所有的楚军，都怀着必死之念。以这样的楚军作为对手，即使拥有数倍优势兵力的秦，也逐渐产生了寒意，溃败了下去。原蒙恬手下勇猛的秦将苏角，被冲在最前面的项羽临阵犀利的一击所斩杀；秦将涉间，兵败自杀；秦将王离被生擒活拿。失去了大将的秦军士兵，撤去了包围圈，向四面八方溃散逃跑。章邯闻讯，急忙从本部率重兵赶来支援，却反而被杀红了眼的楚军逆袭，秦军被彻底击溃了，只能撤退。

项羽一马当先率领楚军在钜鹿城下一系列必死的进攻行动，实在令人震惊。当时收到钜鹿城救援信赶来解围的诸侯军队，多达十余路。然而，其中既有出于邻国之间友谊，而在名义上派兵救援的诸侯，也有真心准备救援赵国的诸侯。但是，不论哪一种性质的诸侯援军，在看到秦国强大的围城军队之后，都丧失了战斗意志。所有的救援军，都只会在钜鹿周围布阵观望，一点也不想发动真正的战斗，只是隔岸观火，好似日本的"洞之峠"①。就在这种局势之下，楚秦之间纵横反复冲杀的大会战开始了。诸侯的将军与士兵们就这样一动不动地紧张凝视着战场。楚军将士发出惊天动地一般的怒吼之声！每个楚兵都是以一当十，最终将强大的秦军击溃。各路诸侯都被楚军这种震撼无比的碾压性气势所压倒，吓得心惊胆战，魂飞魄散。会战结束之后，项羽在大帐召见各路诸侯的将军们，他们都惊恐地跪地用膝盖行走，没有一个人

---

① 洞ヶ峠（ほらがとうげ），日本京都府南部与大阪府枚方市交界处的一座山口。日本天正十年（1582年），山崎战役（天王山之战）时，明智光秀与丰臣秀吉两军对决，筒井顺庆在此观望战局，一直没有表明态度，直到最后才做出抉择。

敢把脸抬起来正视项羽一眼。

项羽的勇武之名，经此一战而响彻天下，所有诸侯无不臣服于他。

第五节　章邯投降

从钜鹿城败退下来的秦将章邯，重新在棘原（河北省平乡南）列阵，打算隔着漳水与项羽统率的联合军对峙。然而，在此对峙期间，又不断受到项羽军队的压制，章邯只能一步一步地领军后撤。

秦帝国的大军，在钜鹿城外惨败的消息，很快就传到了秦都咸阳。二世皇帝被彻底激怒了，他派出使者严厉斥责章邯带兵失职。章邯恐怕自己要被定罪，于是立刻派出司马欣作为使者，回咸阳向二世皇帝解释自己现今的补救措施，并哀求皇帝网开一面。司马欣一到达咸阳，就马上请宦者传达自己想要觐见二世皇帝的请求。然而，对于当时的掌权者赵高来说，忠臣章邯是一个麻烦的人物。当他听到章邯的使者司马欣已经到了咸阳，并且请求拜见二世皇帝之时，赵高不但不准备去向皇帝转达这一请求，同时自己也不愿接见司马欣。使者司马欣就在司马门外候着，连续三天，宫中没有任何回信。"司马门"，又被称为"待诏司马门"，是设在宫城的外郭之门①。想要觐见皇帝的人，首先要在此等候，得到许可之后才可以进一步入内。在这种不正常的情况下，司马欣有一种自身即将遭遇危险的不祥预感，他连忙回身，不敢走大道，抄小路返回了军中。果然，赵高派出了属下的杀手追踪司马欣，但最终他们还是没有抓获司马欣。逃脱了虎口的司马欣，回到军中急忙向将军章邯报告：

"现在的朝廷之中，赵高已经取得了一切权力，在他之下没有一个人可以插手政务。假如将军您今后获胜了，赵高必定妒忌我们的功绩。万一再次打败了，等待我们的肯定就是死刑了。恳请将军，您一定要三思啊！"

恰恰在这个时候，陈余也给章邯送来了劝降的书信，大致内容如下：

"白起、蒙恬，都是秦国的名将，他们都立下了赫赫战功，但最后都被秦国的奸佞所杀害。在秦这个国家里面，能够被皇帝使用的，只有酷吏。秦国认为是麻烦的人，就一定会找一个口实杀掉他。章邯将军您本人，现在就被立在'土

---

① 《史记集解》云："凡言司马门者，宫垣之内，兵卫所在，四面皆有司马，主武事。总言之，外门为司马门也。"《史记索隐》云："天子门有兵阑，曰司马门也。"梁章钜《称谓录》卷十七《通政司职官古称》云："是当时郡县及军中言事者，皆当诣司马门。而公车司马令主受天下奏章，并如汉制矣。"

坛场’^①的边上。将军率领大军，离开咸阳，至今已经三年了，这期间损失的秦军高达十万多。而各方诸侯举兵的激烈程度，渐渐已经席卷全国了。当今秦国的朝政，虽然说赵高阿谀奉承二世皇帝已经掌握了全权，但是真的到了直面国家生死存亡大事之时，他也极度害怕被二世皇帝问罪诛杀。因此，赵高肯定会寻一条法律把将军您处死，死无对证，然后把所有罪过都嫁祸到将军您身上，以确保他自己的安全。将军建立战功会被诛杀，不建立战功也会被诛杀，这就是您的命运啊！无论将军如何努力，为了祖国而奋战，秦国的余命也时日无多了。这件事，将军自己应该也已经心中有数了吧。对内，蒙受着逆臣的污名；对外，成为亡国的将军——与其这样陷入孤立无援的境地，不如果断地与关东的诸侯们联合起来攻秦，分割其地，然后独立称王，我认为这才是将军您应该选择的路啊！”

章邯读了书信，思前想后，犹豫不决。终于悟到了自己现在所处的这种极其不利的地位，于是决心向项羽投降。

章邯派遣使者去项羽的阵营，传达秦军想要投诚的意思。项羽召集属下的诸将，商议此事：

“目前，我军的军粮也越来越匮乏了。正好趁此之际，接受章邯的投降，诸位意下如何？”

---

① 土坛场（どたんば），日本处斩犯人的刑场，日语中比喻决定事物的最后关头。

面对项羽的提议，诸将都表示赞同。

过去经过好几次，在关东各地来回激烈拼杀的东、西两位名将：项羽与章邯，终于在殷墟（河南省安阳）附近会面了，互相交换了盟约书。项羽非常同情这位被赵高迫害的败军之将，于是封章邯为"雍王"。章邯对此感激涕零，泪流满面。

于是，章邯率领的秦帝国远征军就这样悉数归项羽支配了。手中掌握着秦帝国大军的项羽，兵力一下子达到了数十万，他意气风发，豪情冲天地说：

"一鼓作气消灭秦国啊！"

项羽的大军一路向西，向着咸阳开始进击。

第六节　新安的大屠杀

项羽进军，到达新安（河南省新安）时，军中发生了一件事情。

原来，楚国与秦国就是世代的宿敌。如前所述，特别是楚国人对秦国抱有深深激愤之情，更是非同一般。以章邯的投降为契机，突然双方要开始一起行动了，这本身就存在着诸多的问题。虽然说楚、秦两军之间已经达成了"和睦"的盟约，但这是只限于两军首脑能够理解的事情，与双方的下属士兵们，可谓完全没有关系。

以楚国为首的诸侯国士兵们，此前被秦帝国驱使，从事过大量超负荷的强制劳动以及兵役等等，受到过严酷的对待。因此，现在他们在不断进军的过程中，就对投诚过来的秦国士兵逐渐产生了报复性行为。秦国士兵对此也非常不满，他们窃窃私语：

"将军章邯大人，欺骗了我们这些弟兄们，投降了项羽。如果我们能够顺利地攻入函谷关，打败秦帝国，那倒还好；万一我们失败了，项羽肯定就会把我们作为俘虏带回楚国，那样的话，秦帝国肯定会杀了我们的父母与妻儿啊！"

诸侯一位将领，正好站在旁边听到了这番话。他立刻将此报告给了项羽。项羽对于属下士兵之间的冲突纠纷，是相当地介意。在秦军当初投降之时，便将章邯留在楚军大帐之中，而命司马欣为上将军，替代章邯，统率投诚的秦军继续前进。这一作战计划，既是为了攻击秦帝国的根据地，也是考虑到为了避免秦与楚士兵之间可能产生的摩擦与矛盾。但是，当他知道了秦国投诚士兵之中存在反逆的氛围之时，就不能置之事外，放任不管了。于是，项羽立刻叫来了黥布以及几位心腹将领，谋议如何应对此事。

"现在据此看来，秦国的士兵们还没有彻底心服啊！马上我军就要进入秦帝国的根据地——关中了。如果到了那个时候，这些降兵降将不服从命令的话，那事态就会非常严重了。就留下章邯、司马欣、董翳三位将军，其余的秦国兵卒，正好就趁现在解决掉吧！"

那天晚上，大家都已经熟睡了。一支全副武装的部队，悄无声息地将秦军士兵休息的营帐围住。四周只留下一个缺口，其余都被封锁得水泄不通。

"进攻！"

随着指挥官的一声号令，打破了暗夜的寂静。

"哇！吼！"

武装士兵们大声呼喊着，并缩小了包围圈。秦国投诚的士兵们，白天行军非常疲劳，有的现在还在呼呼大睡。遇到这样的突然袭击，他们顿时狼狈不堪，武器也忘记拿了，争先恐后地夺路逃生。他们好不容易奔到了那个包围圈唯一的缺口。

"啊……！"

他们最后的惨叫声，终于消失在暗夜之中。

从中国的西北部一直到华北，被称作黄土。这种土壤是由黄褐色的细粒子覆盖着，富含着大量对植物生长有益的矿物质成分。此外，也具有较高的含水量与蓄水能力。只要有所需的降雨量，就能保证丰富的农业生产。在中国，有史以前这里就存在着农业活动。汉民族的文化也在此开出丰腴的花朵，形成了所谓的"黄土文化"。但是，在另一方面，它对水的"抵抗力"却很弱。在黄土层的高地，因为水蚀作用而形成了地隙，到处都是这样的深坑。深坑的周长有时长达十几公里，其垂直面的笔直深度甚至达到了数十米。

秦国的士兵们被暗算，纷纷落入这样的深坑之中。

过了一夜，累积起来的尸体数目多达二十万。眼前的景象极度凄惨。项羽，因为这场超过了始皇帝坑儒的大屠杀，使他自己在勇武之名外，又让自己的残暴之名传遍天下。

第五章

鸿门之会

第一节　刘邦的西征

同样是作为领导者，既有被部下敬而远之的，也有被部下深深信赖的。其中原因可谓各式各样，比如，在上位者过于相信自己的才能与实力，凡事豕突猛进，一味地乾纲独断，那就很容易招致部下的嫌弃。而反过来，如果善于接受部下的进言，得到他们的协助，事业就会顺利进展，追随者就会越来越多。

前者，就是项羽的态度；后者，则以刘邦作为典型。

刘邦接到楚怀王的命令之后，就从彭城出发了。他一路向西进军，沿途之中，不断接受着因为陈胜、项梁之死而失去追随之主的流浪士兵们。从邑（山东省金乡附近）到栗（河南省夏邑），一直到达了高阳（河南省陈留附近）。

在高阳宿营之时，发生了一件事。一位衣衫褴褛的老者来到刘邦的军营前。门卫将此事通报给刘邦，刘邦当时正坐

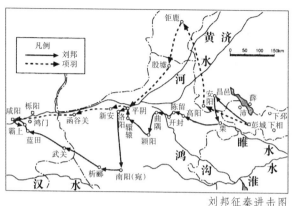

刘邦征秦进击图

在椅子上，让身边的两位侍女帮他洗脚。

"没关系的，就把他带到这里来。"

这位老者进来之后，向刘邦略一点头，也不行拜礼，就这么站在那里。刘邦觉得这是一位无礼的家伙，所以连正眼都不看他。不久之后，这位老者终于开口说道：

"贵公，你是想投靠秦国攻击诸侯呢？还是要率领诸侯消灭秦国呢？"

刘邦从这位老者的话中感受到了一股尖锐的敌意，他回答道：

"你这个老东西！胡说八道些什么！天下的老百姓都在秦国的暴政下受苦，我军乃是奉了楚怀王之命，为了黎民苍生去讨伐秦国的正义之师……"

老者没等刘邦把话说完，就怒吼了起来：

"如果正义之师真如你所说，那么会见长者的时候，还一边让仆人洗脚，这算什么事！"

刘邦闻之一震，大吃一惊，他重整衣服，恭恭敬敬地站起了身，询问老者的大名。

这位老者就是高阳出身，名叫郦食其（郦生）。他是一位优秀的儒者，也是一位杰出的雄辩家。然而，他的才能没有得到世人的认可，被称为"狂生"，谁也不理睬他。正当郦食其苦苦等待出人头地的机会之时，刘邦的军队到达了高阳。他的内心虽然很想在刘邦身边做官，但首先为了试探刘邦到底是怎样的人物，才故意做出了如上的举动。

刘邦将郦食其让到上座，为自己先前的无礼向他道歉。郦食其首先从六国的合纵连横时代说起，滔滔不绝。就连一向瞧不起儒生的刘邦，也为郦食其口若悬河的雄辩所折服。在郦食其陈述了一段，间歇的时候，刘邦摆上酒席，一边劝酒一边向郦食其询问到：

"关于进攻秦国的计划，我很想听听先生您的高见啊。"

"足下纠集了乌合之众，收拢了散乱之兵，人数还不到一万吧？以这么一点点兵力，立刻要展开攻击强秦的步骤，无异于通俗所谓的'探虎口'吧？其实，陈留之地才是天下的要害、交通的关键之处。而且陈留城中储存有大量的粮食。首先，要征服陈留之地，以此作为据点，这一步至关重要。幸好，我和陈留的长官有一定的交情。我马上作为使者去说服他投降吧！万一不成功，我也可以作为向导，一鼓作气攻克陈留！"

果然，陈留在作为使者的郦食其的运作之下，一兵未发就向刘邦投诚了。郦食其因为这一功绩被封为了"广野君"，从此他就作为游说的宾客从军了。

刘邦吞并了陈留的士兵之后，就开始进攻开封、曲遇（河南省中牟）、颍阳（河南省许昌西南），然后又进攻原来六国之韩国的旧地辕辕（河南省偃师东南）。就在这个时候，张良率领他的手下来到了刘邦的军队之中。

第二节　张良

张良出身于名门，祖上代代在韩国任宰相。韩国被始皇帝所灭之时（公元前230年），张良还是一位少年。但是，灭国之恨让他无法忘却。他散去全部家财，招募有名的刺客与杀手，一心寻找着暗杀始皇帝的机会。

那是始皇帝巡幸东方时发生的事情。张良预先制作了重达一百二十斤（约今天的30公斤[①]）巨型铁锤，与一个拥有蛮力的壮汉，在博浪沙（河南省原阳东南）埋伏等待。这个蛮力壮汉，瞄准了始皇帝的马车，猛地把巨型铁锤投掷了出去。

[①] 根据民国学者吴承洛《中国度量衡史》（上海书店，1984年影印版），第18表《中国历代两斤之重量标准变迁表》，秦的一斤约等于0.5165市斤，页73。所以张良制作的120斤铁锤，约等于今天的61.98斤，即30.99公斤。另外，永田英正原作"铜锤"，根据《史记·留侯世家》，袭击始皇帝马车的武器是"铁椎"，而非铜制。

但是，可能因为出手太急，没有能击中始皇帝乘坐的马车，反而把侍从的马车砸了个粉碎。

张良虽然策划了周密的暗杀始皇帝的计划，但最终没能成功。始皇帝被激怒了，下令全国通缉张良。张良为了逃避严酷的追捕，变更了姓名，藏身于下邳（江苏省邳县东）。

有一天，张良闲来无事，在下邳的郊区散步。正好走到一座土桥的时候，迎面遇到一位穿着粗布衣服、满头白发的老人。张良想让这位老人先过桥，于是就在桥边等着。老人缓缓地走在桥上，一直走到桥中央，他好像想到了什么，于是脱下了自己鞋履，一下子就扔到桥下的河滩上。然后回头看着张良，张开口慢慢地说道：

"年轻人，下去帮我把鞋子取上来。"

张良闻此大吃一惊，本来想是不是要上去把这个老头子狠狠揍一顿。但是看在他年老的份上，还是忍住了愤怒。下桥把鞋履捡起来交给了老人。这位老人继续说道：

"帮我把鞋子穿上。"

张良想，既然已经把鞋捡了上来，所以干脆就老老实实帮他穿上吧。于是跪下替老人穿好了鞋。老人就这么抬着脚让张良穿好，然后留下一声长笑，一声"谢"也不说，头也不回地就走了。张良目瞪口呆地看着老人离去。老人走了大概一里路（约半公里），又折返了回来，对站在那里的张良说道：

"年轻人，孺子可教！——我有东西想传授给你。五天之后的清晨，在这里等我!"

张良听了半信半疑，但看到这位老人不同寻常的风骨，便跪拜了下来回答道：

"诺!"

过了五天，张良一大早就赶到土桥旁边，看到那位老人早已经在那里了。老人愤怒地说：

"和长辈约好了时间，怎么还能迟到! 五天之后，你再过来吧!"

这样又过了五天，张良早早地赶过去一看，老人又已经在土桥上等着了。

"怎么又迟到了! 再过五天再来!"

所以这一次，张良半夜就出门。他刚到土桥不久，老人也就到了。老人看到张良恭恭敬敬地等在那里，于是很高兴地说：

"来的很好! 年轻人你很有出息，未来可期!"

说完，老人从怀中取出一册书，对张良说：

"读了此书，就必定可以成为王者的军师! 十年后，你一定会出世名扬天下。十三年后，我们会再度重逢。济北的谷城山（山东省东阿东北）山麓的黄色石头，就是老夫我。"

话音刚落，老人就消失不见了。天亮之后，张良翻看此书，原来是上古时代，协助周武王灭殷（公元前十一世纪）的军师太公吕望所写的兵法。张良感到此事太不可思议了，从此之后，就日夜反复诵读这本兵法。

以上是关于张良著名的逸话，在后世极为有名。

之后的十年，陈胜兴起了风起云涌的反乱军，张良也召集了百余名青年勇士在下邳举兵。正好遇到刘邦在沛地起兵，向下邳进发，于是张良就暂时作为刘邦的麾下一起行动。项梁召集诸将在薛地拥立楚怀王之时，张良也提出请求，希望搜寻韩王一族的后人韩成，在成功找到韩成之后，拥立他为韩王。然后，张良与韩王一起率领数千兵力，返回了韩国旧地，夺回了数城。但很快遇到秦军的反扑，夺回的城池又丢失了。在此之后，他们组织了游击部队，活跃于颍川（河南省东南部附近）一带。听说刘邦要进攻辕辕，张良便奉韩王之命，再次率军加入了刘邦的大部队。

刘邦在进攻关中的途中，得到了张良与郦食其，可谓是非常幸运的。刘邦非常听从两人的献策，尤其尊重张良的意见。张良字子房。刘邦常常叫"子房！子房！"一刻也离不开张良。郦食其则总是出现在大军的最前面，因为他能言善辩，所以向沿途守城的秦兵阐述秦的无道，以及刘邦之军的仁义，使他们降服投诚。如果遇到顽固反抗的秦军，则发挥张良兵略的巨大作用，一举击溃对方。

刘邦原本就是个性格粗野的人，也没有什么教养。关于战争等事，完全是个门外汉。就是这个刘邦，既没有打过大规模的合战，也没有遇到惨败之类的伤心事，所以人气越来越旺。他之所以能够轻轻松松地向咸阳进军，实际上全靠张良、郦食其等属下的功劳。

夺取了辕辕的刘邦，进一步攻克了平津（河南省孟津东）、洛阳、南阳之后，想要乘胜进入函谷关（河南省灵宝县）。张良认为这是失策之举，他谏言道：

"把守函谷关的秦兵很多，这一要害之地的防守很牢固。"

刘邦遵循了张良的谏言，领兵回过头来经过宛（河南省南阳）、析、郦（河南省内乡），突破了武关（陕西省商县）。接着，刘邦在蓝田（陕西省蓝田）打垮了驻防的秦军，终于在所有诸侯之前，首先到达了咸阳东部的霸上。

从彭城出发，至此实际上经过了一年零三个月。距离陈胜的大将周章率军进攻戏，也已经过了两年。此时，是公元前207年的十月。

第三节　秦王投降

秦国的朝廷，此时已经完全被赵高掌控。他完全愚弄着二世皇帝，将二世皇帝置于犬马声色的淫靡深宫之中，与大臣们隔绝。如果谁被赵高发现是忠臣的话，也很快会遭到他的虐杀。其横行霸道的程度发展到了令人发指的极点。在秦国的官员中间，虽然有心的人也非常担心国家的将来，但都惧怕赵高的淫威，没有人敢过问。

赵高听到了关东地区发生叛乱的消息，然而他以为这就是农民暴动与流浪汉造反之类的程度，而且信以为真。但是，秦军在与项羽的钜鹿之战中，吃了大败仗。此外，章邯率领的远征军也整体投降了项羽。当这些消息接二连三传来之后，赵高自己也渐渐不安了起来。赵高害怕因此触怒了二世皇帝而危及自身，所以称病不再上朝理政。

在此期间，秦军的不利战况，不断地从各地用驿马传到了咸阳。宫中的每一个人，都战战兢兢地度日如年，生怕当天就会遇到关东诸侯军队的攻击。只有二世皇帝一个人被蒙在鼓里，在酒和女人的包围之下，沉浸在被愚弄的喧嚣之中。正因如此，当二世皇帝终于知道事实之后，怒不可遏地大吼：

"把赵高给我叫过来！"

可是，此时的赵高已经在谋划着消灭二世皇帝了。他与弟弟赵成、女婿阎乐等共谋，授予此二人一千名武装士兵，涌进宫中，逼迫二世皇帝自杀了。

赵高拥立了二世皇帝的继承人，也就是二世皇帝兄长的儿子——子婴。但是子婴认为秦帝国的统一局面已经被打乱，不存在了，而且秦的实际领土也大大缩小，因此没有登皇帝之位，而只是使用了"秦王"之名。

不愧是子婴，他憎恨赵高的专横。子婴为了准备即位仪式，决定斋戒沐浴。于是他和另外两个孩子密谋，进入了斋戒的宫殿之后，就称病不出来了。仪式准备好了之后，赵高派出使者督促子婴出来尽快举行即位仪式。虽然使者多次前往，但都是徒劳而返。恼羞成怒的赵高，毫无防备地亲自前往宫殿。子婴一直以来就在等待这样的机会，他将心中积蓄的怨恨寄托在手中的必杀之剑上，猛地刺向赵高。神圣的宫殿被血液浸染，大恶人赵高的心脏被子婴的宝剑刺穿，轰的一下倒地气绝身亡。

因为子婴的即位，以及赵高的死亡，笼罩在秦国上空的乌云终于散去，人们再次感受到了阳光。只可惜，这一切已经为时太晚了。

刘邦到达霸上之后，派遣使者敦促秦王子婴投降。事态已经发展到了非常急迫的程度，子婴已经无能为力了。子婴乘坐着白色的马车，身着丧服，手奉天子的玉玺，含泪来到刘邦的阵中投降了。

"对于已经投降的人，事到如今杀了他也是毫无意义之举。"

刘邦就这样安抚着自己的部下，而他们原本怒气冲冲地要杀死秦王子婴。随后，刘邦就将子婴安置在自己的军中。

这是子婴即秦王之位后仅仅四十六天发生的事情。

刘邦，终于迎来了进入秦都咸阳城的日子。他走入宏大华丽的阿房宫。宫内的陈设极其奢侈，金银财宝堆积如山，后宫侍奉的美人艳姬不可胜数……这一切，无不令来自乡下的刘邦瞠目结舌。他看得入迷，不由得叹了一口气，喃喃地说道：

"就把这里作为我们的根据地，用这些财富来治理天下吧……"

站在一旁的樊哙，听闻此言，怒气冲冲地说：

"我的主公！正是这些导致了秦国的灭亡啊！"

然后樊哙强烈谏言率军队回归到霸上。

刘邦不同意。于是，张良出来说道：

"如果想要制裁天下所有的'非道'①，最重要的核心就是保持质朴简约。愿您能够听从樊哙的忠言啊。"

刘邦勉勉强强地把财宝收进仓库封存了起来，率军返回了霸上。在此期间，萧何迅速地没收了宫中大臣府②所保管的律令、图书和账簿。因此，刘邦对于天下的地理、户口的多少、险要的强弱等等都了如指掌。这对于他今后的帮助，可谓是无可估量之大！多亏了这些部下的帮助，刘邦才意想不到地"舍虚得实"。

再度回到霸上的刘邦，把关中的父老豪杰请到自己的军营中来，宣布废止秦帝国的残酷法律，只重新发布了三条法律：

"根据楚怀王的约定，我就是'关中王'。现在，我将秦国的法律删改为三条：杀人者判死刑。伤人，或者盗窃者，处以相应的惩罚以抵罪——只有这么多。其他繁琐的法律，全部废除。我来到这里，就是为了拯救大家于水火之中。"

秦国百姓的脸上，露出了久违的、安心的神情。他们欢天喜地，争先恐后地向刘邦的军营送来酒菜与牛羊。但是，

---

① 《史记·留侯世家》原作"无道"。日语中的"非道"除了"无道"之意外，还有佛教的含义，专指地狱、饿鬼、畜生三道。

② 永田英正将秦的丞相、御史所在官署统称为"大臣府"。

刘邦一概不收。因此刘邦的人气飙升。

这时，有人向刘邦进言：

"秦国的财富，相当于天下财富的十倍，地形也十分坚固险要。统治这片土地就很容易称霸天下了。据传闻所言，秦将章邯已经投降了项羽，被项羽赐予了'雍王'的称号，还想进一步封他为关中之王。如果现在被项羽攻下此地，那么恐怕我们就无法占有关中了。因此，建议主公您派遣军队进驻函谷关，阻击项羽的侵入。在此期间，我们赶紧增强兵力，总之，我认为能防御住项羽的西进，这才是上策。"

刘邦听从了这个献策，立刻增强了函谷关的防务。

第四节　项羽入关

提到函谷关，日本的读者之中，可能很多人都会联想到泷廉太郎名曲《箱根八里》所唱的："箱根之山啊，为天下至险。比起函谷关啊，也不在话下！"①函谷关，位于河南省灵宝县西南约二十公里处，它是从东部中原地区进入西部渭水

---

① 日本作曲家泷廉太郎（1879—1903年）。由他作曲、鸟居忱填词的《箱根八里》发行于1901年（明治三十四年）。上半段开头是"箱根の山は、天下の嶮（けん）。函谷關（かんこくかん）もものならず。"歌曲下半段开头是"箱根の山は天下の岨。蜀の棧道數ならず。"分别将箱根山比作中国的函谷关与蜀道。箱根山是日本的一座火山，跨越日本神奈川县和静冈县，又称"函根山""函岭"。

盆地的必经之关门。延绵数公里之间，有一条险峻的黄土层夹着的狭窄道路，人在其中，就好像走在"函"①里面一样。这就是函谷关得名的由来。一人当关，可敌万人。它是中国屈指可数的利于防守的要地。秦国很早就在这里构筑了东部防线，修建了关城。在中国所谓"关东"就是指函谷关以东的地区，即现今的河南、山西、山东省一带。在日本所谓"关东"则是指箱根山以东的地区，即所谓"关东八州"②，这也是源于中国的古称。在秦代，规定听到鸡鸣之声，就打开关门；日落的同时，就锁上关门。齐国的孟尝君从秦国向东逃跑之际，在天没亮的时候，有一位侍从模仿鸡鸣之声，让守门者误把关门打开，孟尝君得以顺利逃脱。这一天下闻名的"鸡鸣"故事发生的舞台，也正是这个函谷关。

项羽此刻，正从新安一路向西挺进，地毯式地、一处不落地攻略秦国的城池。等到项羽大军终于抵达函谷关之时，已经比刘邦晚了约两个月，大致是这一年的十二月。

第二天就要准备强行突破"秦国"的函谷关之际，先头部队却慌慌张张地返回项羽的大本营，报告道：

"刘邦已经占领咸阳了！他的军队在函谷关门严阵以待，

---

① 日语中的"函""箱"或者"匣"，发音都是はこ。

② 日本"关东八州"又称"关八州"，江户时代以来指：相模（さがみ）、武藏（むさし）、上野（こうずけ）、下野（しもつけ）、安房（あわ）、上总（かずさ）、下总（しもうさ）、常陆（ひたち）。神奈川县立历史博物馆藏有江户时代的《关八州大绘图》。

我军无法通过!"

"啊? 你说什么?!"

项羽怒吼一声，冲出了营帐。他遥望着不远处的函谷关，分明就是刘邦的旗帜——赤色大旗在迎风飘扬。

悔恨的项羽握紧了拳头，咬住嘴唇，仿佛血都要流出来一般。从项羽的角度来看，只是一介农民的刘邦，能有什么大不了的，极度藐视他。再加上自从钜鹿之战以来，自己成为关东联军的总帅，项羽非常自负，他一直把刘邦等人都视为自己的下属。然而，就是这个刘邦，居然抢先进入了关中，不仅如此，还在函谷关驻防，阻止项羽的进军! 而且，从楚怀王的约定来说，刘邦将成为"关中王"，这样一来，自己反过来就要受刘邦的指挥。光是这样想想，屈辱与愤怒就充满了项羽的脑海。

另一方面，项羽的军师范增也已经看穿了刘邦，刘邦绝对是一个不寻常的人物。同时，范增也认为刘邦绝不是那种一边垂涎天下但却旁观不动的人。

"如果是这样的话，我们就只需强行进攻，直接破关而入就行了!"

——当然，项羽也是这么想的。

实际上，项羽已经被气得浑身发抖，立刻向全军下达了全力突击的命令。在怒涛汹涌一般的项羽大军的疯狂进攻面前，即使是号称"天下之险要"的函谷关，也变得不堪一击。突破了函谷关之后，项羽大军一鼓作气杀入关中，在新丰的

明富春堂本《千金记》插图"曹无伤见项羽"

鸿门排开阵势。这里距离刘邦霸上军营仅仅只有二十公里。

这时，刘邦手下一位叫曹无伤的将军，偷偷派人向项羽告密。

"刘邦自己想当关中王，让秦王子婴作宰相，把所有的财宝美女都收归帐下。"

项羽听了怒火中烧。马上叫来范增，制定了做战计划。其实范增一进入关中，就立刻派出了心腹密探暗中去监视刘邦的一举一动。范增对项羽说：

"当年刘邦跟随项梁将军从军之时，贪图财宝，沉迷女色。可是，自从进入关中之后，对金银财宝视而不见，对美人也不再靠近。这足以证明刘邦的志向非同一般啊！如果现在不击杀他，今后一定会成为主公您的大敌！"

项羽立刻召集诸将，告知他们准备明日同刘邦军队进行决战。

当时项羽的军中，军师是范增，麾下大将则有：黥布、钟离眜、季布、桓楚、章邯、司马欣、董翳、龙且、吕臣等等，可谓是灿若星辰一般的猛将们，而且兵力达到四十万。

关中之地，风云突变……

第五节　霸上与鸿门

霸上，在现今陕西省西安市的东部，蓝田县界内的一个台地状平原上。上古的传说，曾经有白鹿在此游弋，因此又

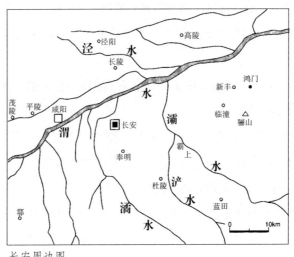

长安周边图

被称为"白鹿原"。霸上的东边隔着灞水，可以眺望到骊山。
西北方向则可以将远远的渭水盆地收入眼底。不论是长安还是
咸阳，距离霸上都非常近。这里可谓是一片形胜之地。灞水，
它发源于秦岭山脉，从蓝田县西北一路流向渭水，是渭水的一
条支流。唐代诗人李白《灞陵行送别》有一节这么写道：

> 送君灞陵亭，灞水流浩浩。
> 上有无花之古树，下有伤心之春草。

这首歌行所唱的地方，自古以来，就有送友人至此，然
后折柳枝惜惜送别的传统。

鸿门，在临潼县新丰附近。它位于霸上的东北方向约二

十公里之处。鸿门正确的称呼应该是"鸿门坂"，这里是一片被黄土台切开的坡地——也就是"坂"。鸿门的形状，就像一个大型的洞门，因此被赋予了这个名字。

鸿门坂旧址　童岭摄

综上所述，霸上是台地状的平原，鸿门是切开黄土台的坡地。也就是说，无论是刘邦还是项羽，都选择了地势较高、视野开阔的战略地形进行布阵。

鸿门与霸上地理位置的中间，是秦岭山脉的一个支脉——骊山，它从南面延伸开来，恰好横在两个地点之间。正是这座骊山，以始皇帝的陵墓、唐玄宗的华清宫而闻名。因此，如果要在两处之间往来，就要沿着骊山的北麓行进。

第六节 前夜

在项羽决定开战的前一天的夜里，清冷的月光之下，有一个身影悄悄地从项羽军营里面溜了出来。神不知鬼不觉，他迅速地跨上了事先准备好的战马，一下子扬起马鞭，直奔向霸上的军营。

不久，这人就到达了刘邦大军的军营前，随后他牵着马，由士兵带路，一路走到张良的营帐前。张良迎了出来，一眼就认出了来人，亲切地呼唤道：

"哦！请问是项伯大人吗？"

项伯，是项羽的一位叔父。之前他杀过人，曾一度躲避到张良那里，张良收留了他并救了他的命，项伯方才幸免于难。因为这个缘故，虽然现在分别侍奉敌我双方，但两人一直以来就交情莫逆。项伯接到了明天要决战的消息，担心恩人兼好友张良的安危，便暗自溜出项羽军营通知张良。

项伯把项羽要进攻刘邦的始末缘由如数告知张良，并建议张良与自己就在今夜一起逃走。

张良摇了摇头，说道：

"我是奉了韩王之命，投奔沛公麾下从军。虽然说想要逃走是非常容易的事，但是如今沛公身陷危难之中，我如果弃他不顾，一个人逃走，那就是不义啊！咱们必须把这件事首先报告给沛公。"

于是，张良让项伯稍等片刻，话音刚落就起身立刻去找刘邦，把事情的来龙去脉报告给了刘邦。

刘邦听了之后，面色煞白。无论从数量还是力量上看，自己都百无一胜的可能。

"张良啊，怎么办才好呢？"

这样的声音也因不安和恐惧而颤抖着。

"沛公，到底是谁给您献策要去防守函谷关的？"

"是个鲰生①！那个混蛋对我说：'如果守住了函谷关，不让其他诸侯入关，那么秦地就全是我们的了！'所以我就照他说的做了。"

"那么沛公，您认为您的兵力，已经到了完全可以与项羽抗衡的程度了？"

刘邦被张良一语击中短处，无言以对。沉默了一会儿，刘邦终于开口说：

"再怎样也不行了，现在到底该怎么办呢？"

"您自己去会见项伯，从您自己口中，讲出绝不会背叛项羽的承诺，请他传达吧。"

"你和项伯，到底什么关系？"

"以前，项伯因为杀人要被处以斩刑，是我救了他。所以

---

① 钱大昕《潜研堂文集》卷十《答问七》云："《史记》：'鲰生说我'，服虔以为小人貌。'鲰'与'菆'皆从取声，亦得有小义。《春秋传》'菆尔国'，杜云：'菆，小貌。'说文无'菆'，疑即此'菆'字。"

现在危急时刻，他才冒死来通知我。"

"你和项伯，哪个年长？"

"项伯年长。"

"那么，你能把项伯请过来吗？我把项伯当作兄长来侍奉，见面之时我对他行兄长之礼。"

张良退下，带着等候已久的项伯，再次回到刘邦的面前。

刘邦赶紧正衣冠，出迎项伯。入座后，首先举杯祝项伯长寿安康，然后承诺了今后会以亲人一样和项伯交往的约定。

"自从我进入关中之后，没有拿过任何钱财。府库严格封存，只是埋头做好老百姓的治安工作，恭敬地等待项羽将军的到来。至于说，让部下驻守函谷关，是为了防止盗贼的出入以及应对可能发生的紧急情况，完全没有其他的意思。我这个日日夜夜守望着项羽将军到来的人，怎么可能会背叛项羽将军呢？项伯啊，无论如何，拜托请您转达给项羽将军，我绝不会背弃项羽将军的恩德。"

刘邦极力陈述自己绝没有和项羽作对的意思。项伯很同情眼前这位低着头向自己祈求哀愿的刘邦。在无法拒绝之下，项伯终于答应了刘邦的请求，同时他对刘邦说道：

"明早沛公您要亲自去一趟鸿门，向项羽将军说明原委才好。"

刘邦赶紧承诺了下来。

于是，项伯又连夜骑快马返回了鸿门的军营。事无巨细地把刘邦的话传达给了项羽。然后项伯补充道：

"如果不是刘邦最初征服了关中，我们的大军现在还进不来啊。如果攻击立下大功的刘邦，那就是违背道义了。这个时候，优待刘邦方才是上策。"

项羽非常不痛快地听着项伯把话说完，然后只说了一句：

"刘邦如果自己来我这里说明原因，我也可以见他一面。"

范增就站在他们旁边，他恶狠狠地怒视着这个从中作梗的项伯。而项羽却完全被项伯的花言巧语所蒙蔽，范增对项羽的这一态度感到很不安，也非常焦急。但由于项伯是项羽的叔父，所以范增也不便当面斥责他。范增在心底嘀咕着：

"如果现在不进攻刘邦，那么天下迟早会被他夺走。我的眼睛还没有老朽昏花。项伯绝对是个祸害！明天的大决战虽然无法进行了，但幸运的是，刘邦自己会来到我们这里。这个独一无二的机会，说什么也不能再失去了。"

等项伯离开大帐之后，范增向项羽传授了明天的计策。

第七节 优柔不断

关中迎来了一个新的早晨。

刘邦，率领着张良、樊哙等百余名部下，前往鸿门。

昨夜，刘邦一宿未眠。能够与项伯相见，并拜托他出面向项羽做出调停，这也至少算是松了一口气。然而，项羽果真会相信项伯的说辞吗？还是一个很大的疑问。随着距离鸿门越来越近，他对与项羽的会面，渐渐感到不安。到了那里，也许会被杀掉；但是不去那里，就会给项羽更多的口实去杀自己。"不安"，再次扩大为"恐怖"。

"一切都交给我吧。"

张良充满信心地说道。他现在是唯一的依靠了。然而刘邦的心中，依旧是一点儿底都没有。一行人浑身充满着紧张，策马前行。

这里就是项羽的大本营，项羽已经在最里面的一处围上了帷幕，他自己安坐在其中，静候着刘邦的到来。

就这样，历史上有名的鸿门之会终于要开始了。以汉代陆贾《楚汉春秋》为蓝本的《史记》，在记述这一场面时，由司马迁手中的雄笔，描绘得淋漓尽致。《史记》的这一描绘，简直可以直接在舞台上演出。实际上，在中国传统戏剧的京剧剧目之中，就演出过以此为题材的《鸿门宴》。

本书的日本读者之中，想必很多人一定都看过"歌舞伎"吧。在此，请大家想象一下歌舞伎的舞台。首先，舞台上拉开了显示整个歌舞伎阵势的幕布，在舞台的正中央，端坐着钟馗①一样的项羽。在他的右边上手位，坐着范增与项伯等

---

① 钟馗形象最迟在平安时代后期就流布于日本。室町时代以来，大量的日本画师喜欢画钟馗，因此钟馗形象在日本民间也广为流传。甚至在日本近畿地区，人们有在屋顶上放置钟馗雕像以驱除邪灵的习俗。京都东山区的若宫八幡神社还有专门祭祀钟馗的"钟馗神社"。因此，永田英正将项羽比喻成钟馗，日本读者会产生非常直接的联想。

人。刘邦一行终于到了，他与张良坐在下手的位置（至于歌舞伎的役者，大家可以根据自己喜好的演员发挥想象）。

不久，就进入了歌舞伎开始的"入栎"①一幕。刘邦与张良按照计划从"花道"②登场。

刘邦让樊哙等人在军门外等候，只带着张良一人来到项羽的面前。刘邦进来之后，向项羽行了最高的礼。项羽，握着宝剑忽然起身，圆目瞪着刘邦，怒吼道：

"刘邦！你很清楚自己犯下的三大罪过吧？！第一，你竟敢轻率地赦免了秦国投降的国王子婴；第二，你居然不经商议，擅自修改秦国的法律；第三，你胆敢派遣部下进驻函谷关，阻止诸侯联军入关！这三宗大罪，你如何解释？"

"是，是的……"

面色苍白的刘邦匍匐在地上，他圆滑地回答道：

"秦王子婴，已经力屈投降了。如果臣把已经投降的子婴杀了，那样的话，臣才是真正的'轻率'吧？当然，臣也不是赦免了他，只是为了静候大王您的进一步指示，才暂留他

---

① 日本的歌舞伎或者相扑比赛，在开幕与闭幕时都会敲打拍子木，称为"入栎"（きがはいる）。

② 歌舞伎的剧场之中，有为了客席而延长的一部分舞台，称为"花道"（はなみち），供俳优出入。一说向着舞台左方的是"本花道"，向着右方的是"假花道"。相扑节上也有花道，左方称为葵之花，右方称为夕颜之花。

一条活命而已。另外，秦国的法律太严酷了，人民的困苦已经到了惨不忍睹的程度。法律一日不改，老百姓就一日不得安宁。再说，修改秦国的法律，也正是为了彰显大王您的仁德啊！换言之，就连您麾下的一名部将刘邦，都这样怜惜百姓，因此人民都欢呼雀跃地想到——即将来到关中的项羽大将，会是多么贤德、伟大的人物啊！所有的人民都翘首以待您的到来。至于说，臣派遣手下防守函谷关一事，绝不是阻碍诸侯的军队，而是为了防止秦军的残余部队以及盗匪的出入而加强了管制而已。"

说着说着，渐渐恢复了冷静的刘邦，继续展开他的陈词：

"臣和大王合力进攻秦国，大王您进攻河北，小人转战河南。可是，臣做梦也没有想到，自己能先入关中破秦，现在还能在这里拜见大王。现在，有卑鄙的小人中伤，破坏了大王与臣的感情。臣如上所述，绝无一句虚言伪词！务必请您大发善心，体谅臣的真情啊！"

项羽之前不断地从范增那里被灌输——刘邦是一个极度危险的存在——这一信息。这样一来，不由地一直觉得刘邦确实是个可怕的人物。今天，项羽原本希望找出刘邦的任何一个失误，然后就借机立刻斩杀他。可是此刻，项羽看到眼前拼命低头谢罪的刘邦的卑微姿态，顿时就消去了杀意。

项羽曾经在襄阳以及新安都进行过大屠杀，他是一个性格残忍而且暴躁的人。然而，无论是与他敌对，或者是反抗他，只要他那异于常人的巨大的自尊心受到伤害时，他的这种性格才会被发挥到极致。就是这样一个项羽，他也是有弱点的。从此前秦将章邯投降之时就可以看出，他对于恭顺之人是比较宽容的。也可以说，项羽具有一种独特的正义感。项羽的残忍性与正义感，这看似矛盾的两种情感，在他身上其实只有一纸之隔。

因此，刘邦抓住了项羽这个弱点，加强了自己的无罪倾诉。

"是你的部下曹无伤告密的。如果不是他，我也不会怀疑到你。"

项羽说完，就让刘邦入席坐下。

于是刘邦与张良就坐。不久，美酒与佳肴都陆续呈了上来，酒宴开始了。刚刚入帐时杀气腾腾的气氛，渐渐平静了下来。

项羽频频举杯，越喝越兴高采烈，他把此前自己经历过的激战情况，详细地说给刘邦听。刘邦本来也是一位酒量毫不输给项羽的豪侠，但是，唯独今天，刘邦丝毫不敢放松警惕。他全力配合着酒宴上项羽的调子，虽然也不停地陪饮，但都是喝到恰到好处就行，实际上，这一切瞒过了所有人的眼睛。

范增从此前就开始着急。他向项羽使了一个眼色，又举起腰上所佩戴的玉玦（只缺一处的玉环）反复向项羽示意。根据他们昨夜订下的计划，如果项羽自己失去了最初斩杀刘邦的机会，那么作为第二套方案，就是由范增再次寻找适合的机会，举起玉玦向项羽发出信号，然后项羽趁机唤出在隔壁房间埋伏的士兵，冲过来杀死刘邦。然而，项羽对范增的示意竟然无动于衷。范增于是再次举起了玉玦，两次、三次……拼命地催促项羽做出决断。可是，项羽一直没有反应。酒宴上的项羽，此时已经完全失去了杀意。

范增眼看着此前定下的杀死刘邦的计划，一个一个全部失败了。于是起身走到外面，在帐外等候的武将之中，他把和项羽一族的项庄唤了过来，项庄是一名出色的剑士。范增对他说道：

"主君同情刘邦，现在已经完全没有杀他之意了。你现在入帐祝寿，举杯祝寿完毕，便去舞剑。然后借机杀死刘邦。如果今天在这里不能除掉刘邦，你们这些人不久就会全成为他的俘虏。去吧！"

布置完毕后，范增再次回到坐席上。

很快，项庄也走入宴席现场。他首先为主客祝寿，向大家举杯，一饮而尽。然后项庄说道：

"军阵之中，没有什么有趣的事情，为了让尊贵的客人们开心，请允许我表演一下拙劣的剑舞吧！"

项羽回应道：

"有意思，那你做吧！"

得到项羽许可之后，项庄施了一礼。然后拔出一柄大剑，走到宴席空地的正中央。开始一边吟诗，一边飞快地舞剑。

张良和项伯，一瞬间就明白了刘邦已经身处危险之中。

项伯迅速站起身来，说道："我听说自古以来的剑舞，都是两人之舞，让我和你配对起舞吧！"

话音刚落，项伯也已经拔出剑，开始起舞。

项庄的眼睛与剑，一直锁定着刘邦寻找机会。项伯迅速上场，迎着项庄的目光，同时接住他的剑，尽量给项庄制造干扰。乍一看是绚丽的双人剑舞，其实是两个阴谋碰撞而散出的火花。

张良看着他们俩的剑舞，判断出项伯的力量无法长时间抵御作为剑士的项庄。于是张良悄悄起身，急忙赶到军门外面。在这里，以樊哙为首的刘邦的部下们，正一脸担心地等待着。一看到张良，樊哙急不可耐地第一个就冲了过来。

"那么，里面的状况怎样了啊？"

"刻不容缓啊！'项庄舞剑，意在沛公'——现在项庄就在里面舞剑，他的狙杀目标就是沛公啊！"

听到张良这么一说，樊哙以勇武者的姿态说道：

"这是迫在眉睫的大事，让我进去，我愿意与沛公共生死！"

言罢，樊哙就拔出剑，提着大盾牌突入军门。担任警卫的项羽士兵横着武器（长戟），不让他进入。樊哙用盾牌猛地一推，警卫士兵们吃不消他的蛮力，一下子都被撞倒在地。

樊哙拉开帷幕，进入营帐内的酒宴现场。摆出"仁王立"①的姿势，恶狠狠地瞪着项羽。头发一根一根倒竖着，眼睛好像就要裂开一般。项羽立刻双手紧握剑柄，单膝②离席，厉声问道：

"来者是什么人！"

张良赶忙回答说：

"这位是担任沛公护卫的樊哙。"

项羽听闻之后说道：

"真是一个勇敢的家伙！能饮酒吗？"

说完就让人端上来一斗（按照日本的计量约一升）的大酒杯，满满地都快溢了出来。

樊哙恭恭敬敬地接过了大酒杯，就站在那里，一口气也没换，就满饮了下去。

项羽继续说道：

"再给他猪的肩头肉！"

---

① 日语"仁王立ち"（におうだち），类似中文的"哼哈二将"，指守护伽蓝殿宇或者须弥坛的勇猛金刚力士，左边的一般被认为是那罗延金刚（闭口吽形），右边是密迹金刚（开口阿形）。"仁王立"就是像金刚力士一样威风凛凛地站立着。

② 《史记·项羽本纪》原文是"按剑而跽。"《史记索隐》谓跽为"长跪"。现今中国人已经没有秦汉时代席坐的习惯，但日本依旧保持，所以永田英正这里用了"片膝立て"，指从榻榻米上弯曲一只膝盖，竖起另一只膝盖的坐姿。与古文的"跽"相对较为接近。牛运震《空山堂史记评注》卷二云："写出项王惊怪神致。"

言毕，血淋淋的猪肩肉就被端了出来。樊哙把大盾牌放在地上，用手接过生肉，放在上面。然后用大剑边切边吃。项羽对樊哙的这一系列举动，越来越觉得喜欢。他说：

"确实是一位豪杰啊！怎么样，你还能再喝吗？"

樊哙立刻回答说：

"连死亡我也不怕，没什么大不了的事！怎么会拒绝饮酒呢？不过话又说回来，今天这个酒宴到底是什么意思呢？楚怀王不是曾经在诸将面前说过这样的话吗：'先破秦入咸阳者，王之。'沛公就是第一位入咸阳的，虽然明明可以称王，但他却没有私藏任何财物，将府库严加封存，然后退军回到霸上，恭候大王您的到来。沛公派遣大将驻守函谷关，那是为了防止盗贼出入，以及警备发生非常的情况。沛公不避苦劳，立下如此大的功绩。但到现在也没有得到任何封侯的恩赏，您却因为小人的诬告，要杀掉立有大功的沛公，这算是怎么一回事呢？这难道不就是暴秦的亡灵在作祟吗？我樊哙不认为这是贵如大王您这样的人会做的事。"

项羽一时语塞，只能说道：

"好了，你入席就坐吧。"

于是，樊哙就在张良旁边坐了下来。

过了一会儿，刘邦站起身来摆出要去如厕的样子，招呼樊哙一起，也走到了军门外面。刘邦有点踌躇，他说：

"刚刚离席出门的时候，没有和项羽打招呼啊，这该怎么办呢？"

樊哙急忙催促刘邦道：

"我听说'大行不顾细谨，大礼不辞小让'，现在人为刀俎，我为鱼肉。还打什么招呼辞行啊！"

刘邦听了之后，就把自己乘坐的马车以及张良等人留下，决定立刻带着数名部下离开。他把余下的事情全部托付给了张良，就跳上马，由樊哙、夏侯婴、靳彊、纪信等四人手持剑与盾，徒步紧紧跟随在马后，便离开了。

张良站在外面，估算着刘邦差不多返回霸上本阵之后，就返回到了酒宴上，向项羽说：

"沛公已经喝得酩酊大醉了，连告辞打招呼也来不了了。他委托鄙人把白璧一双拜献给大王您，玉斗一双拜献给军师。"

项羽问道：

"刘邦去哪里了？"

张良回答道：

"沛公察觉到大王您有责怪他的意思，就一个人先溜走了。现在估计已经快返回军营了吧？"

项羽于是接过白璧，置于膝盖上。

范增则把玉斗扔到地上，然后拔出宝剑将其撞得粉碎。叹息感慨道：

"唉！乳臭未干的小子啊！我怎么能跟你一起共事啊！将来夺取楚国天下的，一定就是这个刘邦啊！你们看着吧，我们这些人，一个个都会成为刘邦的俘虏！"

　　这部分在《史记·项羽本纪》中记载为："竖子不足与谋。"骂人是"竖子"相当于日语中的"小僧"或者"青二才"①。表面上，范增是直接责骂了项伯，但暗中无疑是讽刺项羽的消极。

　　刘邦返回了军营之后，就立刻斩杀了曹无伤。

　　就这样，鸿门之会结束了。它虽然是由项羽策划的，而且也是在项羽的大阵中召开的，但是却以项羽的"惨败"而告终。

　　项羽的军师范增所设计的除掉刘邦之谋略，第一是奇袭刘邦的军队；第二是在鸿门之会上暗杀刘邦。这些都因为项羽的优柔寡断而没有得到施行。特别是在鸿门之会上，能够杀死刘邦的机会其实很多，但都因为项羽的消极而全部错过了。也可以说，项羽的迟疑不决拯救了刘邦，让他得以虎口脱险。反过来看，项羽却只沉浸在放走刘邦的懊恼之思上。项羽的这种懊恼之思，伴随着第一次真正强烈地意识到刘邦这一危险的存在，而他自己却采取了自暴自弃的行动。

---

　　① 日语"小僧"（こぞっこ）是带有轻蔑色彩的小毛孩之义；"青二才"（あおにさい），原意指两岁左右的小鱼，比喻缺乏经验的年轻男子，即黄口孺子、愣头青、毛小子。

第六章
西楚霸王

第一节　秦的灭亡

鸿门之会后的数日，项羽向咸阳进军。

项羽一进入宿敌秦帝国的都城咸阳，胸中郁积的怨恨、怒火以及愤懑，一下子爆发出来了。这种交织着的感情的强烈程度，是谁都无法阻挡的。

首先，项羽从刘邦手中拿走了天子玉玺以及秦的降王——子婴。以子婴的血祭为开端，项羽将秦皇室的一族全部杀光。不仅是宫中的财宝，就连埋葬始皇帝的骊山陵也被刨掘，陪葬的珍奇异宝几乎都被掠夺一空。最终，他把阿房宫点燃，付之一炬。

朱红色的栏杆，青色的瓦当、殿楼、城门等等，这些始皇帝竭尽所能建造的壮丽优美的宫殿群，熊熊大火连续烧了三个月。

赤红的火焰，仿佛就是象征着项羽的愤怒一般，把咸阳的夜空染得通红。

就这样，曾经豪言壮语夸口要将帝座传至万世的始皇帝，他的血脉被斩尽杀绝了。作为庞大帝国首都而极尽富贵繁华的咸阳，也被彻底残暴蹂躏，从此一蹶不振。

这些事情，都发生在始皇帝统一天下后，仅仅隔了三代的第十五年。

《史记》的作者司马迁，在谈到秦帝国灭亡的原因时，引用了汉代儒者贾谊（公元前200—前168年）的《过秦论》，大致内容如下：

"秦帝国废弃了先王之道，将诸子百家的书籍焚毁。这是因为害怕民间传播自由的思想而实施的愚民政策。此外，它破坏了诸国的城池，杀死他们的豪杰之士。没收天下的武器，集中到咸阳，熔毁之后重新铸造成十二个巨大的铜像。这是为了不让民间再有反对秦帝国的力量。然后在函谷关筑城，沿着黄河挖掘壕沟，进一步加强原本就牢固无比的关中自然险要之处。此外，让名将带领训练有素的军队驻扎于这些要害关隘。始皇帝的心中一定这样认为：关中就是固若金汤之地啊！秦帝国一定世世代代以至万世都坚如磐石、安泰昌盛。

"陈胜与吴广都是出身贫贱之人，他们像奴隶一样每日为主人务工，然后辗转被雇佣去耕地，居无定所。他们的才能比普通人都不如，既没有学问，也没有财力。就是这样的陈胜与吴广，率领着无赖、无业之徒，以极其少的兵力向秦帝国的腹地发动了进攻。武器只有锄头、荆木而已。但是，天下的百姓纷纷响应，云集在他们周围，各自携带粮食从军，进攻秦帝国。

"他们的武器，远远不及秦帝国军队的锋利。他们的士兵，也都是没有经过任何训练的乌合之众，甚至连六国之兵都比不上。而陈胜、吴广的用兵之术，也无法和战国的将军们相比——就是这样的军队，为何最终成为了消灭秦帝国的原动力呢？

"始皇帝野心勃勃，贪欲极盛，他抛弃了自古以来圣王的仁德政治，以阴谋和暴虐统一了天下。原本这些作为他在创业期的政策，或许是可以成立的，但是，一旦统一了天下进入了守成期，就自然而然地需要采用其他的政治理念。然而始皇帝在统一天下之后，并没有改变自己原初的方法，而是继续推行不依靠仁义、仅凭暴力的政治。如此一来，秦帝国的天下是不可能长久存续的。"

贾谊进一步说道：

"二世皇帝登基之初，天下的民众无不翘首以待，看看他会实施怎样的政策，并且心中充满了期待。被冻僵的人都感谢能够得到一件破衣，饥肠辘辘的人能够得到一份糟糠都觉得是人间美味了。正所谓'天下嗷嗷待哺的百姓，其实是新主执政之资本'是也。作为新主来说，对疲惫不堪的百姓实施仁政，实际上是很容易做到的。所以，如果二世皇帝是一个具有普通人水准与见识的君主，应该采取如下的政策：启用贤明的政治家，君臣同心，一起纠正始皇帝过度的苛政；然后广封功臣的子孙作为国家的屏藩；释放囚犯让他们返回乡里；开放国库，把谷物分配给穷困之人，救济他们；改正苛酷的法律，减轻租税的负担……那样的话，天下的百姓一定会信赖他，秦帝国的政权也一定会长久安泰。但是，二世皇帝恰恰相反，他继续营造阿房宫，并且公布越来越严酷的税收政策与法律条规。获罪受罚的人，多得在道路上排起了长队，百姓因为极度的贫困和不安而战战兢兢。正因为百姓面临这么大的危机，所以陈胜、吴广一旦揭竿而起，举起反旗，他们就蜂拥而上。'安民可与为义，而危民易与为非'——这句话说的就是这个意思啊。"①

——————

①以上日语翻译，永田英正是摘取、参照了《过秦论》上篇与中篇的如下几段部分文字，并进行了部分改写：

"于是废先王之道，焚百家之言，以愚黔首；堕名城，杀豪杰；收天下之兵，聚之咸阳，销锋镝，铸以为金人十二，以弱天下之民。然后践华为城，因河为池，据亿丈之高，临不测之渊以为固。良将劲弩守要害之处，信臣精卒陈利兵而谁何。天下已定，始皇之心，自以为关中之固，金城千里，子孙帝王万世之业也。始皇既没，余威震于殊俗。然陈涉瓮牖绳枢之子，甿隶之人，而迁徙之徒也；才能不及中人，非有仲尼、墨翟之贤，陶朱、猗顿之富；蹑足行伍之间，而倔起阡陌之中，率疲弊之卒，将数百之众，转而攻秦；斩木为兵，揭竿为旗，天下云合而响应，赢粮而景从。山东豪俊遂并起而亡秦族矣。"

"秦王怀贪鄙之心，行自奋之智，不信功臣，不亲士民，废王道而立私爱，焚文书而酷刑法，先诈力而后仁义，以暴虐为天下始。"

"今秦二世立，天下莫不引领而观其政。夫寒者利裋褐，而饥者甘糟糠。天下嚣嚣，新主之资也。此言劳民之易为仁也。向使二世有庸主之行而任忠贤，臣主一心而忧海内之患，缟素而正先帝之过；裂地分民以封功臣之后，建国立君以礼天下；虚囹圄而免刑戮，去收孥污秽之罪，使各反其乡里；发仓廪，散财币，以振孤独穷困之士；轻赋少事，以佐百姓之急；约法省刑，以持其后，使天下之人皆得自新，更节循行，各慎其身；塞万民之望，而以盛德与天下，天下息矣。即四海之内皆欢然各自安乐其处，惟恐有变。虽有狡害之民，无离上之心，则不轨之臣无以饰其智，而暴乱之奸弭矣。二世不行此术，而重以无道：坏宗庙与民，更始作阿房之宫；繁刑严诛，吏治刻深；赏罚不当，赋敛无度。天下多事，吏不能纪；百姓困穷，而主不收恤。然后奸伪并起，而上下相遁；蒙罪者众，刑戮相望于道，而天下苦之。自群卿以下至于众庶，人怀自危之心，亲处穷苦之实，咸不安其位，故易动也。是以陈涉不用汤、武之贤，不藉公侯之尊，奋臂于大泽，而天下响应者，其民危也。"

"故曰：'安民可与行义，而危民易与为非'，此之谓也。贵为天子，富有四海，身在于戮者，正之非也。是二世之过也。"

案，以上文字见于《史记》的《秦始皇本纪》《陈涉世家》以及《汉书》的《陈胜项籍传》，此外，贾谊《新书》著录此文为《过秦》，无"论"字。《三国志·吴书·阚泽传》："泽欲讽喻以明治乱，因对贾谊《过秦论》最善，权览读焉。"《文选》卷五十一《论一》亦题为《过秦论》收录，并将之析为现在通行的上中下三篇。日本收藏贾谊《新书》较为重要的版本是：长泽规矩也，《和刻本诸子大成》，汲古书院，1975年版。各本文字微有出入，此处引文出自贾谊《新书》。

第二节　论功行赏

噩梦一般的数月之后。

秦帝国已经灭亡了。咸阳作为都城的痕迹①，也可以说已经荡然无存了，因为它遭到了彻底性的破坏。项羽在打倒秦帝国的气概下，一鼓作气冲锋陷阵的那种紧绷着的情绪，似乎也暂时性地松弛了下来。对于他来说，咸阳城现在已经是丝毫无法令人感兴趣的一堆废墟了。他的心中充满了思乡之情。勇武过人，像"鬼"②一样骁勇的项羽，居然也有如此多愁善感的感伤者与田舍汉的一面。领会了项羽的心情之后，他部下中的一人劝告道：

"关中是山河四面环绕的险要之处，再加上土地肥沃，物产丰饶。在这里建都的话，一定可以支配全天下的诸侯。"

但是，项羽听不进去这样的忠告，他说：

"富贵如果不还乡，就好像穿着锦绣盛装在黑夜里面行

---

① 作为精通秦汉史的汉学家，永田英正熟悉长安咸阳的考古发现。此处日语原文提到的"痕迹"一词，原本是"面影"（おもかげ），在日本文学《伊势物语》或《源氏物语》中指心中浮现的面容等，有一种主体记忆的成分在。

② 日语中的"鬼"除了中文的一般含义外，还指传说中的巨人、山中巨型怪物等，这在日本古典文学中也比比皆是，因此"鬼一般的人"（鬼ような人）并不是指可怕的人，而是指非常勇猛的人。

走，没有人会知道啊！"

劝说他的人在旁边听到了这样的回答，背后说道：

"世人们都说'楚人沐猴而冠'——楚人就像猿猴模仿人类戴上冠冕一样。说得真对啊！"

其实就是暗讽项羽没有深谋远虑。项羽听到之后，就把那个人抓起来烹杀了。

正如项羽浓厚的望乡之情，诸侯将士们的想法和他一样。他们都希望早日得到封赏，然后荣归故里。

项羽是诸侯联合军的上将军，拥有绝对的权力。他认为自己当然应该号令天下。然而，为此结成的诸侯联合军，已经立了楚怀王为盟主，因而想号令天下，又必须先得到楚怀王的承认。于是，项羽派使者去楚怀王那里，报告了打倒秦帝国的功绩，并请他对今后如何行动做进一步的命令。然而，使者带回的楚怀王的命令，却与项羽预想的完全相反：

"如约——按照当初约定的去做。"

就是这么简单的命令。

项羽觉得很无趣、沮丧。如果真的按照当初的约定，那么第一个进入关中的刘邦就可以号令天下了，项羽反而就要成为刘邦的手下。项羽不满地想：

"楚怀王的约定只是一个约定而已。但是，在钜鹿击破秦帝国主力大军的人是我。连一场像样的战争都没有打过，就先入关中的刘邦，只是运气好罢了，他实际上并没有真正击败过秦军。诸侯中最有实力的人也是我，我应当成为大王来号令天下，难道不是吗！"

由于项羽对楚怀王的命令很恼火，所以他独断地尊楚怀王为"义帝"，然后自立为王，名曰"西楚霸王"。所谓"霸王"，也就是可以支配所有诸侯的大王之意。

紧接着，项羽开始对诸侯、诸将进行论功行赏。然而就在这时，如何分封刘邦，成了项羽的一大难题。现在违背了义帝的约定，肯定不会立刘邦为关中之王。

话虽如此，但如果让刘邦远离关中，则等于向天下公示项羽违背诺言的事实。诸侯们为此说不定会再次揭竿而起，举起反旗，故而项羽对此很踌躇。既然已经在鸿门之会时，双方就讲和了，那么项羽把刘邦封成任何一个王，对这一点刘邦应该不会有异议——但是，只有关中王不能封给他。

范增向项羽提议：

"巴蜀位于咸阳的南方，也是秦国的土地。山形陡峭，交通极为不便。分配给刘邦这样的巴蜀之地，然后封他为'汉王'吧。如果从秦的故地来看，巴蜀不也是关中的一部分吗？这样我们也就不用背负违约之恶名了。另外，我们可以把秦的降将章邯、司马欣、董翳三人放在关中之地，封为三秦之王。让他们三人镇守住巴蜀的出口。即使今后刘邦谋反了，也会被这三人阻挡，而无法进出关中之地。刘邦，他将永远地被封锁在巴蜀之地，恐怕就在那里了此一生了吧。"

项羽听闻之后大喜，觉得这个提案实在太好了。他立刻将诸侯联合军的将军们召集到咸阳的郊外，对他们正式进行封赏。

项羽对众人说道：

"当初要起兵打倒秦帝国的时候，权且拥立义帝为盟主，以便发动对秦的攻击。不过，身披甲胄，手持兵器，在野外转战三年之久，最终消灭秦帝国平定天下的人，靠的是诸君与我的力量啊！义帝什么功绩也没有，虽然如此，但也应该给他一块封地。"

在场的诸将，没有人有异议。于是，就决定把义帝从彭城迁到长沙的郴县（位于湖南省）。接着，项羽公布了对诸将的封赏。首先，他说道：

"以咸阳以西之地，封章邯为雍王，都城为废丘（陕西省兴平）；以咸阳以东的黄河之地，封司马欣为塞王，都城为栎阳（陕西省高陵东北）；以上郡之地，封董翳为翟王，都城为高奴（陕西省肤施东北）；以河南之地，封张耳之臣申阳为河南王，都城为洛阳（河南省洛阳）；韩王成，就以原来的阳翟（河南省禹县）为都城；以河内之地，封赵将司马卬为殷王，都城为朝歌（河南省淇县北）；将赵王歇，改封为代王，都城为代（河北省蔚县东）；以赵之地，封赵相张耳为常山王，都城为襄国（河北省邢台）；以九江之地，封楚将黥布为九江王，都城为六（安徽省六安）；以楚将吴芮为衡山王，都城为邾（湖北省黄冈东南）；以义帝的柱国（大臣）共敖为临江王，都城为江陵（湖北省江陵）；将燕王韩广，改封为辽东王，都城为无终（河北省蓟县）；以燕之地，封燕将臧荼为燕王，都城为蓟（河北省大兴西北）；将齐王田市，改封为胶东王，都城为即墨（山东省平度东南）；以田安为济北王，都城为博阳（山东省泰安）。"

然后项羽接着说道：

"以巴蜀、汉中之地，封刘邦为汉王，都城为南郑（陕西省南郑）。我则为西楚霸王，以九郡之王的身份建都彭城。"

以上就是分封的宣言。项羽以及刘邦等十八名王爵的身份确定下来了之后，继续给余下的有功者若干土地，封为侯爵。这样，封赏的仪式就全部结束了。

诸将得到了封地之后，即陆陆续续离开咸阳，出发前往新受封的领地。

项羽自己也准备率军返回彭城。他派遣使者，去见尚在彭城的义帝。使者对义帝说：

"据说自古以来，帝王治理地方千里的国家，都要定都在河川的上游。希望义帝您也能效仿，尽快迁都前往郴。"

郴在长沙以南约三百公里，大致就是现今的湖南省郴县的位置，处于湘江支流耒水的上游。这个地方是苗族、瑶族等非汉民族的聚居地，在当时还属于未开化的偏远地区。因此，把义帝迁都到这么一个地方，显然就是流放①了。在项羽

---

① 永田英正这里用了"岛流"（しまながし）一词，是古代日本的刑罚之一，将罪犯流放到偏远的孤岛之上。

看来，所谓义帝，只不过是项氏家族捡来的装饰品而已。而且到推翻秦帝国为止，义帝几乎什么也没做。但是，秦帝国覆灭之后，项羽已经实际上成为制衡天下的第一人，义帝的存在渐渐成为了一种负担。于是，项羽用给义帝封地的名义，事实上要将他隔离到偏远的荒蛮之地去。

义帝得知要被迁往郴，也已经明白了项羽的用心。因此，他拒绝迁都，他说：

"我不会接受臣下的这个指示。"

义帝的臣属之中，也不断有人反对项羽的提案。其中有一位臣下劝谏义帝，说道：

"如果就这样留在彭城不走，项羽势必会加害陛下。我想您还是尽早离开此地为好。"

义帝只好极不情愿地出发了。

使者回到项羽身边，详详细细地向他汇报了在彭城发生的一切。项羽越发地觉得，义帝活着今后迟早还会给自己带来麻烦。于是，下定决心要暗杀义帝。项羽秘密地向衡山王吴芮、临江王共敖下达了命令，他们带着一些杀手追上了义帝，在长江上的小船之中，刺死了义帝。

项羽凯旋回到彭城，市民们齐声欢呼，迎接这位当世的英雄归来。项羽给全军放假，然后好好招待了士卒与百姓，庆祝的宴会接连开了好几天。全城都沉浸在胜利的喜悦之中。

所有的人，都以为战争从此结束了。事实上大家也认为，只要猛将项羽还在这个世界上，应该就没有敢反抗他的人。但是，项羽自己却已经在不经意之间，重新播下了战争的种子。而且，这些种子就是最终把他自己逼入绝路的重要因素。

第三节　项羽的失策

从秦帝国覆灭之后，到项羽凯旋回到彭城之间的这段时间，项羽做了三件无法挽回的重大失策之举。

第一，违反义帝（楚怀王）的约定，没有立刘邦为关中王。不仅如此，在论功行赏时也存在不公平。项羽在论功行赏时遵循的原则，顾名思义就是：有无军功。当然，这其中也含有作战过程中是否协助过他。譬如：黥布、张耳、申阳、司马卬、吴芮、共敖、臧荼、田都、田安等人，之所以都被选为新的王，是因为他们的军功以及协助项羽的态度。相反，原来的魏王豹、赵王歇、燕王韩广、齐王田市等人被迁出故国，也没有得到应有的恩赏，就是因为他们没有军功，同时被判定没有协助过项羽。

项羽的这一原则，大体上也合乎情理。然而，最大的问题是：其判定的基准与实际恩赏的对比。以张耳和陈余为例，他俩在陈胜起兵之初就加入了义军，尤其在赵国立下了不可小觑的功绩。但是在钜鹿之战后，他俩之间产生了极大的矛盾。张耳跟随项羽继续向关中进军，而陈余却没有入关。因此，张耳被封为一国之王，而陈余只不过被封为三个县的侯爵而已。

论功行赏本来就是一件非常困难的事。特别是项羽的庞大军队，是由旧六国的混合人员所组成的联合军，彼此之间充满了欲望与猜疑。战后的恩赏如果不谨慎进行，恐怕很容易会招致大家的不满。项羽在这一点上，缺乏细心。由于其立场过于主观，有一点从"利己"的立场出发，因此整体上难免有不公平的讥讽。那些对论功行赏不满的人们，不久就会向项羽举起反旗。

第二个失策是暗杀义帝。自从秦帝国灭亡之后，对于项羽来说，义帝就是一个令人头痛的存在。听说义帝有反抗的迹象之后，项羽就决定杀了他。但是，不管理由是什么，原初都是在为了打倒秦政权，再兴楚国这一大义名分下而拥戴义帝成为盟主的。因此，暗杀义帝这一行为，是毫无辩解余地的不义之举。项羽势必在道义上要被追究责任，自己制造了让别人攻击自己的绝好借口。对于道义心极强的项羽来说，这是无法挽回的巨大失败。

第三个失策是放弃了易守难攻，有得天独厚地利的关中，而返回彭城。虽然同样都是中国的地名，但提起彭城，很多日本人都不知道在哪里。但如果说到现代的名字徐州，很多读者就都知道了。1938年，中国与日本在徐州周边展开大会战①。火野苇平创作了《麦与兵队》②，后由藤田正人作词、大村能章作曲、东海林太郎演唱，在日本极为流行。背景就是彭城——徐州。

徐州位于江苏省的西北部，现今的津浦（天津—浦口）、陇海（兰州—连云港）两大铁路线在此汇合，是一个交通的要冲之地。作为农产品的集散地，也是东部地区的经济中心。地势上，西部小山、丘陵逐渐逼近，东部因为黄河的泥沙而生成的丘陵也是起伏不断，自古以来就是兵家必争之地。但是，再怎么称徐州为险要之地，如果与被称为"金城千里"的关中之地相比的话，就完全处于下风了。位于一望无际的平原中央的这座彭城，东南西北，四面都暴露在敌人可能的攻击之下。更何况彭城的位置，过于偏在东方，难以号令天下。项羽从关中离开，建都彭城，显然就是战略上的失败。

于是，不满恩赏的人，以刘邦为中心，组成了一支反抗楚国的联军，打着为义帝复仇的旗帜，一步一步把项羽逼入绝境。

---

① 指抗日战争期间的1938年，中国军队在徐州地区附近对侵华日军进行的大规模防御战，尤其以1938年春季的"台儿庄大捷"最为知名，此战中国军队成功围歼日军一万余人，给予侵华日军巨大的打击，大大迟滞了日军的进攻，为此后的武汉会战赢得了宝贵的部署时间。

② 《麦と兵队》（むぎとへいたい）的创作背景就是侵华日军首尝苦战的徐州会战，该书是火野苇平撰写的一部战争文学作品。

第七章
反楚势力的结集

第一节　刘邦进驻汉中

此时，刘邦正前往他新的领地汉中。

包括刘邦本人在内，他麾下的将士们都对项羽的分封待遇有着强烈的愤慨。但是，在关中这里无论怎样反抗项羽，归根到底都没有一点点胜算。于是，刘邦带着他的三万部下，极不情愿地向未知的土地进发。

所谓"汉中"，现在位于陕西省的南部，巴蜀则是现在的四川省之地。

帕米尔高原被称为"亚洲的屋脊"[①]，发源于此的昆仑山脉延绵起伏，一直进入到中国的西部，在此它被称为岷山山

[①] 英文书籍中从维多利亚时代开始，就将帕米尔高原根据塔吉克人或波斯语的说法称为"Roof of the World"，日本学术界也受斯坦因等人的影响，称呼帕米尔高原（パミール高原）是"世界の屋根"。

脉。其支脉进入陕西，向东成为秦岭山脉，即渭水与汉水的分水岭。向南成为大巴山脉，即汉水与嘉陵江的分水岭。这个秦岭山脉与大巴山脉之间环绕的汉水上游的盆地，就是汉中之地。如果再越过大巴山脉，在它南部的盆地就是长江的上游，巴蜀之地。

汉中之地，自春秋时代以来就是楚国的领土。进入战国时代，秦国攻夺此地设置了汉中郡。"汉中"之名，由此诞生了。号称"天府之国"的富饶蜀地（四川），连接它与中原之间的交通要处就是汉中。但是，包括蜀地在内，对这一地域的积极开发正是刘邦进驻之后的事。当时，这里还处于边境的荒僻之地。荒僻的最大缘由，就是海拔三千米高的秦岭山脉，顽固地阻隔了它与外界的联系。自古以来，从渭水流域，横越秦岭山脉进入汉中的道路，有褒谷道与陈仓道。但是，这两条也都只是名义上的"道"，无论哪一条都是在险峻巍峨，充满断崖绝壁的山谷中，仅仅像棚架一样搭建的木头通道，通俗把它们称为"栈道"，以其险恶难通而闻名于当世。越过秦岭进入汉中的栈道被称为"秦之栈道"，进一步从汉中越过大巴山脉，其中最著名的是越过剑阁险道进入蜀地的栈

参考：横川文雄（訳），深田久弥、榎一雄（監修），《ヘディン中央アジア探検紀行全集 1：アジアの砂漠を越えて（上）》，白水社，1964 年版。当然，永田英正这里据此称"アジアの屋根（亚洲的屋脊）"也是这一叙述逻辑下的称谓。

道，也就是"蜀之栈道"。

唐代诗人李白《蜀道难》，有如下的描写：

> 噫吁嚱，危乎高哉！
> 蜀道之难，难于上青天！
> 蚕丛及鱼凫，开国何茫然！
> 尔来四万八千岁，不与秦塞通人烟。
> 西当太白有鸟道，可以横绝峨眉巅。
> 地崩山摧壮士死，然后天梯石栈相钩连。
> 上有六龙回日之高标，下有冲波逆折之回川。
> 黄鹤之飞尚不得过，猿猱欲度愁攀援。
> 青泥何盘盘，百步九折萦岩峦。
> 扪参历井仰胁息，以手抚膺坐长叹。
> ……

刘邦从现今陕西省西安市西南一带的杜南出发，进入蚀中的溪谷，沿着这一条栈道向南郑进发。

随着旅途的继续，渐渐就告别了平地，来到了崎岖的山路。

周围的风景，忽然为之一变。群山环抱，高耸入云，飞鸟也无法越过，即便是敏捷的猿猴也难以轻易攀爬。深不可测的千仞山谷，在脚下若隐若现。那条悬崖峭壁的周边，只有一条令人心惊肉跳的细长栈道，不知何处是终点，断断续

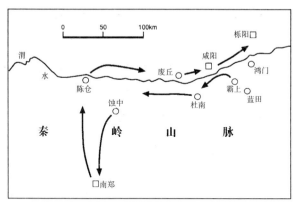

刘邦汉中往还图

续地向前延伸着。

　　以刘邦为首的将士们，都是在东部平原长大的。对他们来说，以上这些都是从没见过的光景。如此的凶险之路，吓得不少人两腿发软，只能互相望着对方深深叹息。甚至还有人中途逃脱，（因为找不到归路）又折返的事发生。

　　樊哙忍无可忍，终于怒吼起来：

　　"我们这些人，都有着经历必死之战，攻灭秦国的战功。现在，不仅不能回归故里，还要被排挤到这样的地狱①之境来。如果项羽在这个险关驻防军队的话，我们这辈子也不可

　　① 在佛教进入中国之前，《史记》《汉书》没有"地狱"二字，《三国志》以降的中古文献方有"地狱"。这里永田英正只是为了形容栈道艰险而使用的俗语。另外，在现代日语中，火山、温泉地等冒烟与热水的谷口，也叫"地狱"。

能活着踏上故乡的土地了。要是真的如此，那干脆回师与项羽决战，即使战死也在所不惜！"

刘邦自己，面对这种难以想象的绝壁险境，除了对前途感到极度不安的同时，也对项羽的做法燃起了极大的愤怒。他们一行人都忍不住拨回战马，准备蛮干了。张良、萧何、郦生等人见状，赶紧拦住他们说道：

"不可因为一时之怒而误了天下的大事啊！"

"诚然，汉中、巴蜀之地极其险恶，但另一方面，也有其优点。即使我们在这片土地上积极备战，项羽也绝对不会察觉。大王来到了新领地之上，可以在那里充分休整军队，养精蓄锐，等待时机的到来。只要时机到来，就可以一举出击，首先平定三秦，那样的话，夺取天下就绝非痴人说梦了。所以现在说后悔有点太早了，还是为今后的大计做准备吧！"

经过这些谋士的一番劝谏，刘邦觉得很有道理。于是再次命令樊哙在前方开道推进。

越过千山万水，峡谷险阻，他们终于到达了目的地汉中。

张良是奉韩王之命跟随刘邦军队的，现在，他不得不再度返回韩国。

张良在回去的途中，命令部下烧毁了所有经过的栈道。防备敌人袭击汉中的同时，也向项羽表明刘邦无意东归，让项羽放松警惕。此举实在称得上是一个深谋远虑的行动。

刘邦以汉王的名义，在位于汉中入口处的南郑建立都城。此后，便立刻召集近臣商议制定反击项羽的作战计划。

第二节　韩信

从关中与刘邦同行至此的士兵之中，有一位淮阴（江苏省淮阴）出身，叫韩信的男子。

当韩信还在淮阴的时候，他过着非常贫困的生活。因为他找不到一份像样的工作，所以总是辗转到别人家去乞食，大家都把他当作是一个倒霉讨嫌的人。

有一天，韩信在城下的淮水钓鱼，他已经连续几天没有吃上饭了，饿得脸色发青。恰巧旁边有数位大娘在漂洗绵布[①]，其中一位大娘很同情韩信的遭遇，便给他送饭吃。这样的情况持续了数十天。韩信非常高兴，对大娘说：

"大娘，等我出人头地了，一定会报答您的恩情！"

等他说完这席话，那位大娘非常生气地讥讽道：

"别说这样的大话了啊。你堂堂一个大男人，连自己都养活不了，还谈什么报恩啊！"

就是这样贫困的韩信，居然非常酷爱宝剑，因此他的那把佩剑非常漂亮。淮阴的年轻屠户之中，有人非常看不惯韩

---

① 《史记·淮阴侯列传》只是说："信钓于城下，诸母漂。"并未言所漂洗为何物，永田英正推测为丝绵帛物。但孙诒让《周礼正义》卷八十六《冬官考工记·弓人》云："盖以乱絮于水中漂擎之，以箔藉之，令更成絮，即蔡伦造纸之先声。韩信钓于城下，诸母漂是也。湖漂絮者，湖中漂絮时有此语。"认为韩信遇到的漂母是正在从事类似造纸的工作，姑备一说于此。

信这副样子。有一天，韩信走在大街上，一位屠户拦住了韩信的去路，嘲笑韩信说道：

"嘿！你小子看起来一副了不起的样子，还总挂着剑，其实骨子里就是一个懦夫！如果你小子真的有勇气，就用这把剑斩杀我；如果你杀不了我，那就从老子的胯下钻过去！"

韩信目不转睛地盯着眼前这个年轻的屠户，然后匍匐下来，就像马路中央的狗一样，从屠户的胯下钻了过去。接着韩信站起来，若无其事地离开了。目睹这一幕的百姓们，都嘲笑韩信这种不知廉耻的行为。这件丑事，很快就在楚国传开了。"韩信是个胆小鬼"——这成为他的定评。但是，韩信心中其实有一个远大的梦想。

在项梁从吴地渡过淮水向北进军时，韩信怀抱宝剑，加入了项梁的麾下。但是那时的韩信毫无名声。项梁战死之后，韩信继续跟随项羽。他屡次向项羽献策，努力想得到项羽的认可，但是韩信的计策没有一条被项羽采用。而且，自己也只不过被任命为"郎中"——这一护卫性质的配角而已。于是，韩信对项羽彻底失望了，离开项羽投奔了刘邦。

即使到了刘邦帐下，韩信的才能也没有得到赏识，被任命为"连敖"——负责接待宾客的下级官职[1]。

不久，韩信因为连坐罪被判斩首。行刑的当天，已经有十三位犯人被处决了，终于轮到韩信了。韩信仰着头，看见

---

[1] 裴骃《史记集解》引徐广曰："典客也。"

正对面是刘邦的亲信夏侯婴①。他瞪着夏侯婴，大声喊道：

"汉王难道不想要夺取天下了吗？为何要轻易地就斩杀壮士呢？"

夏侯婴听到这席话，再看着这张面孔，心中为之一动。于是饶恕了他的罪行，把韩信带到别室。一番交谈之后，夏侯婴对韩信的见识非常钦佩，感慨道：

"差点儿杀了一位有为的武士啊！"②

然后夏侯婴赶紧跑到刘邦那里，报告了关于韩信的事。刘邦于是就把韩信提升为治粟都尉③，负责管理钱财和谷物。但本质上，刘邦对韩信这个人的评价还并不是很高。

在这样的环境之下，只有萧何认为韩信是个不寻常的人物。当时，已经位居丞相的萧何，多次向刘邦推荐韩信，但

---

① 夏侯婴为滕令，奉车，秦汉间多称滕公，故《史记·淮阴侯列传》此处作"滕公"。

② 夏侯婴在释放韩信之后的这句话，并不见于《史记》等古籍，是永田英正根据史实的推测。这里"武士"保留了日语原词。关于先秦两汉的"武士"，参考：顾颉刚《武士与文士之蜕化》认为古代中国只有"武士"，到了孔子之后才有"文士"的兴起，文载其著《史林杂识初编》，中华书局，2005年。余英时《古代知识阶层的兴起与发展》对顾颉刚此文有补充，文载其著《士与中国文化》，上海人民出版社，2003年。

③ 胡三省注《资治通鉴》卷二十《汉纪十二》云："班《表》：治粟内史，秦官，掌谷货；都尉盖其属也。至汉，改内史为大司农。"

都没有被委以重任。刘邦建都南郑之后，长期离开故乡的诸将与士兵，不断有人逃跑。虽然经过了萧何的努力，韩信还是看不到自己有一丝被重用的希望，终于对刘邦产生了厌恶之感，也加入了逃亡的行列。萧何听说韩信逃跑了，立刻起身去追赶韩信。见此情景，有人就向刘邦报告：

"丞相萧何逃亡了。"

刘邦勃然大怒，同时也像失去了自己的手脚一样沮丧、心神不宁。过了几天，萧何终于回来了。刘邦按捺住自己心中的喜悦，反而呵斥萧何道：

"你居然也逃亡了？这是什么意思啊?!"

"我不是逃亡，而是去追逃亡的人了。"

"追的是谁？"

"是韩信!"

听闻这一回答，刘邦真的愤怒了，他骂道：

"诸将之中，逃亡者有数十人之多，你都不去追。现在却说是去追韩信，一派胡言啊!"

"诸将都是轻而易举可以再次募得之辈，但韩信是国士无双的豪杰，如果让他逃亡了，就再也不可能第二次让他为您效力了。全天下没有人可以和他媲美。汉王您如果仅仅满足于在这荒僻的汉中称王的话，那的确用不着韩信；但如果您想掌握天下的霸权，除了韩信之外，无一人可以帮您达到这一目的。至于说现在唯一的问题，就是汉王您自己到底想选哪一种策略?"

"我的愿望就是向东出击，打倒项羽，称霸中原！怎么可能会一直待在这里啊！"

"既然汉王有了这样的决意，那就更应该把韩信挽留下来。为了实现您的愿望，就要重用韩信，仔细听取他的战略意见。若非如此，韩信还会再一次逃亡。"

"好的！我知道了。那我就听从你的建议，任韩信为将军。"

"只是一个一般的将军之职，肯定是无法挽留住韩信的。"

"那么，大将军怎么样？"

"那样的话，真是幸甚！"

刘邦准备立刻召见韩信，想当时就任命他为大将军。没想到萧何连忙阻止，他这样说道：

"汉王您历来就很傲慢，也不太注意礼节。既然要任命一国的大将军，能像叫唤一个小孩子的态度吗？就是您这种态度，让韩信等怀有大才雄志的人逃走了。如果汉王您真的想任命韩信为大将军，那么应该选择吉日，首先沐浴净身，在广场上再设置一个坛场，充分地行礼之后，再拜韩信为大将军。"

刘邦很不悦地答应了。不久将选出大将军的消息，很快就在刘邦军营中广为传开了。诸将各自期待自己能成为一国的大将军。但是，等到拜大将军的那天，大家看到登上坛场的却是治粟都尉韩信，都惊呆了。

大将军的任命仪式，顺利地完成了，大家回到各自席位上。刘邦向韩信询问道：

"丞相萧何屡次向我推荐将军，不知将军有什么计策可以教授于我？"

韩信首先感谢了君恩，接着反问刘邦：

"现在，在东方与大王争夺天下霸权的对手，是不是项羽呢？"

"确实就是项羽！"

"大王自己觉得，在'勇悍'与'仁强'两个方面，您与项羽相比，谁更胜一筹？"

刘邦被击中要害，一时不知道如何回答韩信。过了一会儿，他才说道：

"无论哪一点，我都比不上项羽。"

面对刘邦这样坦诚的回答，韩信不慌不忙地说道：

"恕我直言，我也觉得大王不如项羽。然而，我曾经侍奉过项羽，在此我想稍微说一下项羽的为人。"

"起初，项羽发怒叱咤风云的时候，其激烈程度足以让千余人匍匐于地，俯首称臣。但是另一方面，项羽不能相信优秀的将领们，给予他们重任。这样的话，再怎么'勇悍'，也只不过是匹夫之勇罢了。此外，项羽与人交往之时，慈祥和蔼，谈吐儒雅。如果属下有人生病，项羽甚至会流着泪与众人分食。但是，如果属下有功劳，需要赐予封爵之际，项羽就会非常吝惜封印，把印章留在掌中，踌躇把玩直到印角磨损（也舍不得赐予属下）。这样的人，再怎么'仁强'也只不过是妇人之仁（女性一样感伤性的体谅之思）。

"项羽虽然称霸天下，臣服他的诸侯如云，但是他却舍弃了关中的要害之地，仅仅在东部的彭城建都。此后，又违背了和义帝的约定，而且在分封诸侯为王之际，又夹杂着私情，非常不公平。诸侯看到项羽自己把义帝流放到江南偏僻之地，纷纷效仿之，放逐各自的主君，轻易地夺取富裕的土地，然后自立为王。而项羽狂暴的军队所过之处，没有不被残灭的土地。因此天下之人都怀恨在心，只是被项羽的威力所震慑而已。项羽名为霸者，支配天下，实际上已经失去了天下的人心。因此，这就是所谓的'其强易弱'。

"相反，大王现今采用了与项羽完全相反的策略。大王能够倾心任用天下的勇武之士，那就没有征服不了的敌人了。如果把天下之城池都赐予功臣们，就无人敢与您对峙了。以正义之战为信条，指挥思念东方故乡的将士，就可以驱散击溃任何对手。被封为三秦之王的章邯、司马欣、董翳，这三人作为秦国的将军，数年之间率领秦国的子弟征战疆场。这期间，殒命他乡的士兵不计其数。更为甚者，他们三人还欺骗自己的部下，投降了项羽。但是投降项羽的二十万秦军被坑杀于新安，只有他们三人幸存。秦国的父老子弟对这三个人恨之入骨。项羽现在凭着自己的威势，分封三人为王。可是秦国的老百姓，根本没有一人敬爱他们。

"与他们相反，大王从武关进入关中之时开始，丝毫没有损害秦国的百姓，废除了秦的苛酷法令，只设立了三章之法。

秦国的百姓，没有一个不希望大王能在秦地称王的。根据与义帝的约定，大王当然应该成为关中之王，关中的士众也都知道这一约定。但是，大王却被项羽赶到汉中，秦国的百姓都非常同情大王，站在大王的立场上为您惋惜。倘若大王能发起义勇东征之军，那么三秦之地仅仅传下檄文，便可平定了啊！"

韩信满怀热情地劝说着刘邦，详细分析了项羽的弱点，乃至天下的形势。接着阐述了如何利用刘邦的优点来应对这些情况，洋洋洒洒，气势恢宏。刘邦大为钦佩，甚至大为后悔发现韩信的才能实在太迟了。

于是，刘邦采用了韩信的计策，专心准备即将到来的战争。

就这样，刘邦把张良、萧何还有韩信——所谓的"三杰"纳入自己的麾下之后，勇气百倍，虎视眈眈地注视着东方的形势，等待战机的成熟。

第三节　田荣与陈余的叛乱

现在，让我们把目光移到东方。

这是义帝被项羽暗杀前后发生的事情。张良的主君韩王成，因为没有军功而被项羽杀死。原来的燕王韩广，拒绝被改封为辽东王，故而被新任的燕王臧荼杀死。这些都是围绕着恩赏发生的流血事件。

　　在这样的情况下，不满于项羽的论功行赏而最先举起反楚大旗的人，是齐国的田荣。

　　齐国是战国时代的大国，也是坚持抵抗秦军一直到最后的强国。齐被灭国前，最后一位国王叫田建。此后，陈胜吴广叛乱之际，齐国遗存的王族之一田儋自立为王。这位田儋，又被秦的将军章邯所杀。田儋的弟弟田荣、田横，跟随项梁一起，出兵到齐国的境外，与章邯展开战斗。在此期间，齐国的境内，原来齐王田建的弟弟田假被立为齐王。听闻这一消息的田荣，立刻回师返回齐国，攻击田假。田假不敌，只能亡命到了楚国。然后，田荣重新立田儋之子田市为齐王，自任齐国的宰相，任弟弟田横为将军，很快扫平了齐地。恰在这时，项梁再次遭到秦将章邯的猛烈攻击，陷入苦战之中。项梁向齐国派遣使者，要求齐国出兵援助。田荣却这样回答道：

　　"如果楚国杀了亡命的田假，我们就出兵援助。"

　　但是，楚怀王说：

　　"田假本来就是我们的盟邦之王，因窘迫而亡命至我国，杀了他就违背道义了。"

　　因此断然拒绝了田荣的条件。田荣也大怒，最终没有派兵援救项梁。结果，楚军战败，项梁也殒命沙场。自从这件事情之后，项羽就深深地怨恨起田荣。

　　此后，项羽对诸侯进行论功行赏，做了如下的处理。他将齐地一分为三。首先将田荣册立的齐王田市，外贬流放到

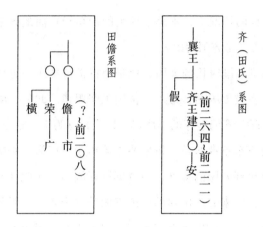

胶东之地。接着，齐国将军田都因为加入了钜鹿的援军，并从军至关中，因此被新立为齐王。此外，田建之孙田安，也因为协助过项羽的主力部队，故而被封为济北王。田荣，却因为他当年违背了项梁的命令，不肯出兵援助，而没有得到任何封赏。

田荣对于项羽的这一分封举措非常恼怒。他并没有把田市带到新领地胶东，而是留在了齐国的都城临淄，然后亲自率领齐国的军队出击迎战新齐王田都。田都战败，逃回了楚国。在田荣与田都作战期间，田市因为惧怕项羽的威势，自己悄悄地从临淄逃走，前往新领地胶东。田荣对于田市背叛自己的行为极度气愤，立刻又派兵攻打田市，在即墨将田市杀死。然后，田荣自立为齐王，又杀死了剩下的济北王田安，再度掌握了齐国的全部疆域。此外，田荣还赐予彭越将军之印，令其在梁地——即今天河南省东部一带，组织军队反抗楚国。

当时，陈余在紧邻齐国的赵国忍受着愤懑之思，每天过着郁郁寡欢的日子。这是因为项羽仅仅给了他三个县的封地。陈余对项羽发怒的同时，也对升格为中山王的张耳怀有强烈的嫉妒之心。

陈余听到了田荣反叛，自立为王的传闻之后，便秘密地派遣使者找到田荣，请求与他联兵攻打张耳。田荣答应了这一请求，并向赵国派出了军队。于是，陈余对麾下的战士进行了总动员，与齐军一起攻打张耳。张耳不敌，战败之后投奔了刘邦。在这之后，陈余就把原来的赵王歇从代国迎接回来，重新让他坐上了赵王的宝座。而陈余自己则因为这一战功，被赵王册立为代王。

就这样，齐国与赵国联合起来，成为最初的反楚势力，阻挡在项羽的面前。

第四节　刘邦的进击

回到了韩地的张良，很快就将中原齐国与赵国叛乱的情报送到了汉中刘邦那里。大将军韩信得知之后，立刻建议刘邦开始军事行动。

八月①，刘邦正式下达了出征的命令。但是，自从进入汉中之后，原本的栈道早就被付之一炬了。因此，想要进入关中，就不得不开辟新的道路。他们勉勉强强地开辟出一条仅可以通过一人一马的通道，翻过高山峻岭，越过深沟峡谷，一步一步地逼近关中。

在位于汉中进入关中的出口位置，有一位封锁刘邦的直接负责人，他就是以废丘为都城的雍王章邯。此前章邯看到刘邦进入汉中，烧毁了栈道，于是就放松了警惕，认为短时间内刘邦不可能再出来了。所以，刘邦率领的汉军从陈仓（陕西省宝鸡东）出击的情报传来时，章邯被吓得心惊胆战。他慌慌忙忙地派遣军队前去陈仓阻击汉军，但没过多久就被击败了。雍王的军队退到好畤（陕西省乾县）准备重整旗鼓，但在这里再次被汉军击败，于是他们只能败退到废丘城中躲藏起来。

刘邦平定了雍地之后，一路奋勇飙进，一口气占领了咸阳。然后再折返回来，重新挥师包围了废丘城。同时，刘邦派遣别将分军进攻塞王司马欣、翟王董翳。司马欣与董翳也完全被打了个措手不及。在汉军的猛攻之下，他俩很快就到刘邦的军门前面投降了。只有章邯被包围数月之后，还在顽

----

① 永田英正此处的"八月"，史源是《史记·淮阴侯列传》："八月，汉王举兵东出陈仓，定三秦。"根据上下文，指的是汉王元年（公元前206年）。

强地抵抗。但他最后遭到汉军的水攻，兵败自杀。

刘邦将关中之地，逐一平定。然后选中了塞王司马欣的旧都栎阳（陕西省高陵东北）为新的都城。进一步挥师向北方、西方进攻。从现今的陕西省以及甘肃省的东部，一直到鄂尔多斯之地为止，全部都纳入到了汉王的支配之下。

第五节　项羽的出阵

项羽，正陶醉在胜利的喜悦氛围之中。听说了刘邦要从汉中出击的消息，项羽认为栈道都被毁了，哪还有那么愚蠢的事发生，所以根本没有理会。

但是，在此之后，驿马接二连三地抵达，把血腥的战争空气，逐渐带到了和平之都彭城。

"雍地已经被平定，章邯被包围在了废丘城！"

"司马欣、董翳已经投降了汉军！"

"关中现在遍地插的都是刘邦的赤旗了！"

事到如今，项羽再也不能放任不管了。而且，此前田荣与陈余叛乱的情报也已经传到了彭城。

项羽猛地把手中的酒杯砸碎在地上，然后站起来吼道：

"那些愚蠢的爬虫！我一定会把他们狠狠地碾碎！"

项羽把吴地的县令郑昌封为韩王，立刻派他前去阻挡刘邦的汉军。又派遣萧公角前往齐地平乱。

此时，汉军的使者带着刘邦的亲笔信来到了彭城。信中写到：

"此次再度进军关中，只是为了履行与义帝的约定。如果项王真的按照这一约定行事，那么就到此为止，而我也不会再向东方进军。"

另外，刘邦还附上一份承认齐国叛乱事实的报告书。报告书中说：

"齐国欲联合赵国，企图颠覆楚国。"

恰恰在这个时候，又传来了新的消息，派去齐国平乱的萧公角，被田荣的将军彭越击败了。对项羽来说，为了彻底消灭刘邦，已经集结了楚国的大军，准备西征。但是，如果事实真的如刘邦信中以及报告书中所说，倘若齐国与赵国开始反击楚国，那么楚国将腹背受敌。项羽虽然对刘邦憎恶到了极点，但还是觉得应该先解决自己背后的敌人。他没有察觉到，这其实是刘邦狡猾的计策。项羽暂时放弃了西征的念头，他率领楚国的大军出征，把矛头指向了齐国。

凯旋回到彭城仅仅半年不到，干枯的河水，飘落的树叶，已经预示着严冬即将来临。

刚刚过了年的正月（公元前205年），项羽重新征服齐国的军事行动正在推进着，他此时已经逼近了城阳（山东省濮县东南①）。田荣紧急带兵增强了城阳的驻防军队，以备项羽

---

① 关于濮县的归属，参见第四章第二节的译注。

来袭。很快，一进一退的攻防拉锯战就激烈地展开了。然而，齐国援军还是不敌霸王项羽，城阳的城壁终于出现在项羽的面前。试图只身逃回城阳的田荣，在途中被农民杀害，悲惨地结束了他的一生。

项羽攻陷城阳之后，继续北上，彻底蹂躏了齐国的土地。胆敢反抗他的齐兵，全部被坑杀；所有城池都被摧毁，房屋被焚烧。妇女、儿童、老人，全部被押至楚军之中，成为俘虏。

随着田荣的死，项羽认为齐地也就大致平定了。于是，他召回了因为被田荣驱逐而亡命楚国的田假，重新扶持他登上齐王之宝座。但是，齐国的老百姓却对项羽的残暴行为充满了愤恨，点燃了激烈的反抗情绪。他们很快就集结起来发动了新的叛乱。尤其是失去了哥哥的田横，愤怒化身为"复仇之鬼"①。田横和田荣之子田广，纠合了散在各地的数万齐兵，趁项羽不备，重新夺回了城阳。然后组织游击队，四处反抗楚军。

项羽进行的战争，是一种"武力绝对主义"。从他的角度来看，想要压制反抗的敌人，其方法归根结底就是用霸力彻底打倒对手，使对手完全失去再次站起来的能力。项羽不知

---

① 日语"復讐鬼"（ふくしゅうき），形容因执念于复仇而化身为人间的鬼物，并非指阴间之鬼。本书《前言》所提到的江户《汉楚军谈》一书中，也有"复仇之鬼"的文字。

道除此之外的方法，或者说他根本没有尝试想过新方法。基于这一观点，项羽的战争就是纯粹的力量与力量的消耗战。但是，既然是消耗战，那么毋庸置疑，任何一方的力量自然也是有它的上限的。项羽的这一战术，很快就会把他自己引入绝境之中。

项羽镇压叛乱，只要他镇压了其中一处，势必会有另外两处奋起反抗。叛乱的烈焰，就像野火一样蔓延到齐国的全境。就在项羽拼命想要平息这些叛乱事态的时候，不知不觉已经陷入了与齐国僵持的战争状态之中。

刘邦，他等待的就是这样一个机会。

第六节　彭城的争夺战

公元前205年的三月，刘邦得到了项羽进攻齐国的确切消息之后，就立刻率军东征。大将军韩信打头阵，从函谷关出击。韩信首先拉拢了魏王豹，降服了河南王申阳，击溃了韩王郑昌，俘虏了殷王司马卬。仅仅用了不到一个月的时间，汉军就接近了洛阳。

当刘邦主力到达洛阳的时候，新城（洛阳南部）的三老（长老）之中，有一位名叫董公的人，拦住刘邦的车驾，告知刘邦义帝之死的始末缘由。刘邦听闻之后，潸然泪下。他在洛阳服丧三日，然后向天下公布义帝的死讯，并派遣使者到各地的诸侯那里，正式发出讨伐项羽的檄文。文辞如下：

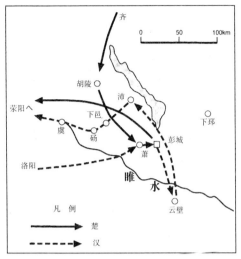

彭城争夺战图

"当初天下之人，共同拥立义帝，北面臣事之。然而项羽不仅残忍地把义帝放逐到江南荒地，甚至还派杀手刺杀了义帝。真是大逆无道啊！现在，我亲自为义帝发丧，各位诸侯王请皆服丧。我将发关内（关中）之兵、三河（河东、河内、河南）之士，向南进军，渡过江汉（长江、汉水）。愿与各位诸侯王，一起讨伐那个杀义帝之人（项羽）！"①

韩、魏、赵、燕、齐等各地都响应汉王的檄文，派出了志同道合的将士参战。刘邦的混合军队，因此一下子猛增到了五十万人之多。这一作战策划，正是刘邦机敏过人之处的绝佳展现。

该年四月，刘邦已经基本掌握了他麾下混合部队的战斗序列建制，于是指挥着全军，以彭城为目标，浩浩荡荡地杀赴过去。

就像前文所说的那样，彭城，虽然是一个交通的要冲，但绝不是什么险要之地。再加上项羽带着楚国的全部主力部队北上攻击齐国，在刘邦如云霞盖天一般的庞大军队面前，彭城的防御形同虚设，几乎是一瞬间就沦陷了。

刘邦占领了彭城之后，就像取得了"鬼之首"②一样极度兴奋。他疯狂掠夺了城中的财宝与美女，连日纵酒淫乐，一边豪饮，一边歌儿舞女环伺，一直处于大狂欢的状态。有心

---

① 此檄文原载《史记·高祖本纪》："天下共立义帝，北面事之。今项羽放杀义帝于江南，大逆无道。寡人亲为发丧，诸侯皆缟素。悉发关内兵，收三河士，南浮江汉以下，愿从诸侯王击楚之杀义帝者。"严可均《全上古三代秦汉三国六朝文》题为《发使告诸侯》。章太炎先生评价刘邦此檄文，云："此虽权以拒羽，羽实无辞。"见其著《菿汉昌言·区言一》。

② "鬼の首"（おにのくび），日语取得鬼首，形容立有非常的功名，如获至宝。

之人看着这一幕都皱起了眉头，作为联军统帅的刘邦自己都如此这般，怎么能阻止属下的军纪涣散呢？

听到彭城被占领的消息，项羽简直不敢相信自己的耳朵。但是，当得知这确是事实之后，项羽的惊讶与愤怒都达到了前所未有的程度。他咬牙下定决心，这次一定要让刘邦停止呼吸。

项羽留下钟离眜与季布等人继续扫平齐国的叛乱，自己则率领三万精锐楚国战士，昼夜兼程地向彭城进行了急行军。为了转移汉军的注意力，久经沙场的项羽故意迂回走了胡陵（山东省鲁台①东）这一条路线，突然出现在距离彭城西方十几公里的肃地（江苏省肃县②），指挥三万楚军在此布阵。

随着黎明的到来，战斗拉开了帷幕。楚军阵中发出冲天般的锣鼓声、马蹄声、怒吼声。化身为魔神的项羽一马当先，率领三万楚国精兵一鼓作气向彭城发动了攻击。

以刘邦为首的汉军，完全蒙在鼓里。他们还没有来得及整备阵型，项羽的楚军就冲杀了过来。彭城顿时变成了人间的修罗场，城里与城外两军展开了激战，血流成河。相对于刘邦的五十万联军，项羽的兵力仅仅只有三万，十分之一都没有达到。但是，这些楚军都是精锐中的精锐，而且因为自

---

① 案：鲁疑为鱼之讹。鱼台县，现属山东济宁市。

② 肃当作"萧"。秦置萧县，属泗水郡。西汉萧县属沛郡。1952年萧县划归江苏徐州，1955年划归安徽。

己的都城被夺而怒火中烧，斗志高昂。五十万联军在他们面前，也算不上是什么庞大数目。汉军被马踏、枪刺，死者堆积如山，伤者也不计其数。剩下的汉军慌忙向彭城之南的睢水溃败而去。

楚军势如破竹，在后面猛追汉军。无处可逃的汉军士卒，争先恐后地跳进了睢水。

激战进行了整整一天，到了夕阳西沉的时候，睢水之中已经全是汉军的尸体而无法流淌，原野之上也都被汉军的鲜血染成了赤红色。

刘邦被楚军包围了两重、三重，但当时不知是不是上天的帮助，战场上突然刮起了飓风，卷起漫天的沙尘，甚至把树木都连根吹倒。刘邦趁楚国士兵晕头转向之机，在数十名骑兵的保护下，得以逃脱重围。

逃亡途中，他顺道回到了故乡沛县，急忙带上了儿子与女儿。好不容易才甩掉了楚国的追兵，终于到达了荥阳。当时，刘邦的部下审食其带着刘邦的父亲太公以及妻子吕后，步行追赶刘邦，最终被楚军俘获。他们作为人质被监禁在楚军军营之中。

彭城之战，结果以项羽的大获全胜而告终，刘邦则惨败而归。但是，这一切只不过是表面现象。刘邦在集结反楚势力之际，以项羽残忍地暗杀义帝为理由。就这一点来说，项羽丝毫没有辩解的余地，这也成了他致命性的弱点。

中国的国民，大多是重道义的。他们极度厌恶违背大义名分的行为，并以之为耻。项羽暗杀义帝，这一弑君行为正是这种违背大义名分的行为之最。敏锐的刘邦，当然没有放过项羽这一愚蠢的失策，他把反对项羽的无道行为，作为灭楚的旗帜高高举起，昭示天下，向所有的人展露自己的正义之心。这一作战策略非常奏效，它让刘邦与项羽在心理面以及现实面，开始逐渐转变了攻防的角色。再者，刘邦虽然此战大败，但却一度占领了项羽的根据地彭城，这也可谓是至难之举。有了这一次经验，刘邦对自己所拥有能力的信心进一步加强，它所带来的影响在今后不可低估。

第八章

力量与智慧之战

第一节　荥阳的攻防战

项羽在彭城击败了刘邦之后，马不停蹄地率领大军向荥阳进攻。

荥阳在今日河南省荥泽县西南。它位于黄河中流流域，也是济水和其他河流的汇合点。荥阳的西北方位有一座敖山，秦帝国在这座山上建造了一个名叫"敖仓"的谷物仓库。以河北、河南、山东为主，全国各地的谷物利用河川源源不断地运送到敖仓，作为帝国的赋税暂时储存在这里，然后再逆黄河而上，运往首都咸阳。

因此，占有荥阳之地，就等于掌握了敖仓的谷物，在战略上具有极其重要的意义。

刘邦首先收拢了败兵，然后要求在关中担任留守的萧何派遣增援部队，他怀着必死之心要守卫荥阳。又命令灌婴组

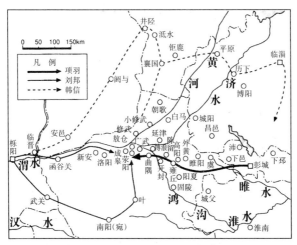

楚汉抗争图之一

织游击部队，牵制、威胁楚军的侧翼与背后。因此，项羽在荥阳城前的进攻受阻，两军形成了对峙之势。

差不多就在此前后，齐国的田横平定了国内，拥立田荣之子田广为齐王。而项羽所册立的齐王田假又一次被打败，再度亡命到了楚国，最终被杀。塞王司马欣、翟王董翳也叛汉再次投奔楚国。另外，因为张耳的假首级而一度投降刘邦的陈余，得知张耳还活着，也愤怒叛汉自立为代王。

在荥阳楚汉两军对峙期间，刘邦临时回到关中，在关中他召集萧何、张良、韩信等重臣开了一个军事会议。结果决定兵分两路，一路以韩信为主帅，命令韩信铲除魏王豹、代王陈余等反汉势力；刘邦自己则率领另一路大军，与张良等人一起返回荥阳。萧何则继续留在关中驻守，负责粮草、军需物资的筹措，以及士兵的征发等事宜。

第二节　黥布的倒戈

某次刘邦向张良问道：

"谁能助我一臂之力，打败项羽呢？"

张良答道：

"九江王黥布，是楚国的猛将。如今与项羽交恶。彭越，原来是齐王田荣的将军，他和田荣一起在梁地兴起了叛乱军。这两个人，无论如何首先都要让他们成为我们的盟友。而汉的将军之中，可以倚靠的只有韩信，他是个非常有能力的人。"

此前在项羽攻打田荣的时候，他要求黥布派遣援军支持楚军，但是黥布以生病为借口没有亲自出战，仅仅派出了数千羸弱之兵。项羽因此憎恨黥布。自此之后，两人一直处于交恶的状态。

刘邦听从了张良的建议，决定先拉拢黥布。由负责接待宾客的"谒者"——随何，担任出访、说服黥布的使者。

随何带着二十名随从，出发前往淮南。他首先收买了九江王王宫中负责食膳的太宰，然后拜托太宰安排自己与黥布见面。黥布一听说是汉军的使者，立刻就察觉出了对方的来意，故意避而不见。就这样过了三天，随何判断用通常的手段根本见不到九江王，于是向太宰说道：

"九江王，他不愿意见我，一定是因为他觉得楚强汉弱。而我，正是为了纠正九江王的这种错误想法而特意来淮南的。无论如何，请允许我和九江王见上一面。如果你认为我所说的是正确的，那不就正是九江王想要听到的吗？如果你认为我说的是错误的，那就将我们二十人在淮南最繁华之处，加以斩首之刑，明确向天下宣示背汉联楚之意。"

太宰把随何的话，原封不动地告诉了黥布。黥布很不情愿地接见了随何。

随何走到九江王黥布面前，慢条斯理地说道：

"鄙人是作为汉王的使者而来，带来了汉王的亲笔信。那么，请问大王您与项王是怎样的关系呢？"

黥布很不愉快，一脸不高兴地回答：

"我是项王的臣子。"

面对黥布这样直截了当的答案，随何接着说道：

"既然大王是项王的臣子，为什么不率领全军进攻齐国呢？汉王占领楚都彭城之时，您为什么不派遣援军勤王呢？我想，大王臣服于楚国，是认为楚强汉弱对吧？但是，即使楚国现在强大，天下人也都已经知道他们背上了'不义'的污名。因为项王违背了盟约，杀害了义帝。所谓的'楚强'，是指项王仗着战胜的兵威，自恃强大而已。与此相反，汉王则得到了天下诸侯的支持，率领精兵准备固守荥阳，汉王粮草充足，从容筑城布阵，建成了万全的防御体系，故而楚军才会陷入进退两难的困境。

　　"另外，如果楚军果真远胜汉军的话，那么现在支持汉王的诸侯们，也会因为唇亡齿寒而更加力挺汉王。楚国的强大，反而只会促使天下之兵联合起来攻击楚国。现在，大王不愿意加入有万全之备的汉，而想依赖濒临灭亡的楚。我知道作为大王来说，的确很苦恼如何对此做出战略判断。我也不认为大王的兵力能够单独打败楚军。但是，如果大王现在出兵，背弃楚国的话，项王一定就会被钉牢在目前的胶着状态上。如此一来，汉王取得天下，便成为了没有任何疑问的定局。我愿意陪同着大王，提剑一起归顺汉王。汉王也一定会对您割地封王。实际上汉王派遣我来，也正是因为这个缘故，请大王早做决断！"

　　黥布被随何渐渐说动了，也觉得站在汉的一边似乎更好一些。但是，让他举刀面对曾经生死与共的项羽，黥布实在做不到这一点，于是他陷入了犹豫之中，没有立刻回答随何。

　　恰巧，项羽的使者也住在黥布的馆驿之中，不停地催促黥布出兵援楚。随何在他们会见之际突然闯了进来，瞪着楚国的使者说道：

　　"九江王已经是汉王的盟友了，再也不会听从楚国的命令了。"

　　黥布愕然，大惊失色。楚国使者愤然起身离席。随何立刻对黥布说道：

　　"大王的进退之策，也就这样决定了。那么，请杀死楚国的使者，不能让他回到项王那里。然后，大王立刻归顺汉王，去请求汉王的协助吧。"

黥布悲痛地叹息：

"那也只能按照你的意思，出兵攻击了。"

随即拔剑斩杀了楚国的使者。

项羽得知黥布投靠汉王的消息，勃然大怒。立刻派遣项声、龙且率兵攻击淮南，彻底打败了黥布的军队。黥布自己准备率兵去汉地，却在途中被楚军阻击。无奈之下，他只能带着仅存的残兵败将，和随何一起，通过小路投奔汉军。

第三节　范增之死

楚汉两军在荥阳的攻防战，进进退退持续拉锯着，这种状态已经快一年了。汉军为了使敖仓的粮食能够顺利运送到部队中，修建了一条甬道。所谓甬道，是指为了防止外侧攻击，在两边筑起高高的防护壁的一种通道。但是，楚军急袭这条甬道，常常将其截断，因此汉军的粮食逐渐匮乏。

刘邦害怕全军被断粮，向楚军提出了议和，条件是：荥阳以东为楚国领土，荥阳以西为汉国领土。

项羽倾向于接受这一协议。但是，军师范增强烈阻止，他说：

"现在，正是击溃汉军，消灭刘邦的最好时机。如果眼睁睁地看着这一机会溜走，将来一定会后悔的啊。"

于是，项羽急忙与范增一起加强了对荥阳城的包围。

刘邦渐渐陷入了困地。这时，陈平走了出来。陈平这位男子，作为汉朝最有智慧的人之一，是阳武（河南省兰阳）人士，曾经追随项羽，但是因为偶然获罪之嫌，身处险境，于是逃离楚国投奔了刘邦。陈平和韩信一样，因为在项羽身边侍奉过一段时间，所以深知项羽的性格。陈平这样分析：

"项羽彬彬有礼，又尊爱士人，所以谨守礼节的人大多归顺了他。但是，到了论功行赏的时候，项羽却非常吝啬。因此好不容易聚集到一起的仰慕他的人，都逐渐离项羽而去。与他相反，大王傲慢无礼，所以手下没有项羽那样的廉节之士，但是，大王对于立了功的人，非常慷慨大方，所以大王身边聚集了很多顽固愚钝、贪利好财、不知廉耻的人。如果项羽和大王，你们双方都能取长补短，那么天下就不会有混乱与战祸，完全可以按照（你们其中之一的）意图而平定啊。"

陈述完这些，陈平又给刘邦出了一条计策：

"现在，项羽的心腹部下，只剩下范增、钟离眜、龙且、周殷等数人而已了。如果大王舍得掷下数万巨金，施行反间计，挑拨他们君臣，那么他们之间就会互生疑心。以项羽的性格，他猜忌心很强，必然会在楚军内部产生纠纷，导致他们上下统率混乱。如果汉军趁此机会发动猛攻，就一定能一举击溃楚军！"

刘邦立刻赐给陈平黄金四万斤，陈平就用这些钱财四散收买楚国的士兵，巧妙地让他们散布谣言：

"将军钟离眜，立有大功而没有得到应有的恩赏，因此怀恨在心，准备与汉军一起行动了。"

项羽果然相信了谣言，不再信任钟离眜他们。此后，谣言越传越广，甚至项羽还听到了关于军师范增的事。范增被尊称为"亚父"，无论何事都对范增格外尊重、另眼相看的项羽，虽然觉得这些关于范增的谣言不会是真的，但却怎么也无法抹去心中萌生的疑虑。于是，项羽派遣使者前往汉军阵营，主要还是为了刺探一下荥阳城的情况。

陈平觉得这是一个绝佳的反间机会，高兴得手舞足蹈。楚国使者到达荥阳之后，汉军准备了最高级别的酒肴，担任接待任务的陈平，向楚国的使者恭敬地说道：

"贵使者，您辛苦了！军师范增大人过得还好吗？今天派遣贵使者来，有什么吩咐吗？"

楚国使者对于突然出现的范增之名感到很奇怪，如此作答：

"在下不是军师范增的使者，在下是项王的使者。"

听闻之后，陈平一脸惊讶地看着他说：

"我以为是范增大人的使者，原来是项王的使者啊！"

说完之后，陈平命人立刻把最高级的酒肴全部撤走，重新给楚国的使者胡乱端上一些粗糙难吃的食物。

楚国使者回去之后，把在荥阳城遇到的情况详细地报告给了项羽。项羽听了之后，居然完全中了陈平的圈套，他深信范增与汉军里外勾结，逐渐对范增产生了戒备之心。范增做梦也没有想到会有这种事发生。项羽虽然一直包围着荥阳城，现在却迟迟不发动进攻，对此范增焦躁不安。他再三劝说项羽对荥阳城发动急袭，但是，此时项羽已经不再信任范增，所以没有再听范增的意见。

没过多久，范增知道了项羽怀疑自己，他勃然大怒，对项羽说：

"至此，天下大势已定，接下来就随项王之意吧！我想告老还乡了。"

言毕，就辞去军师之职向故乡而去。不知道陈平之计的项羽，也对范增勾结汉军的传闻怀恨在心，因此，也没有阻拦他。

悲愤地行在路上的范增，途中背部发疽，因此而病逝。这发生在范增到达楚国都城彭城之前。

就这样，项羽集团之中，继楚军猛将黥布叛变之后，又失去了威名遐迩的大谋士范增。好像被人削去了手足。项羽虽然曾经拥有过最优秀的人才，但都不能善加利用。相反，刘邦却能把从项羽集团逃脱出来的人才，全部收归自己的麾下，并充分地发挥各自的才能。这就是导致两人实力发生明暗升降的最大原因。

第四节　项羽之怒

不经过深思熟虑，因为一点点细微之事就立刻表露出自己强烈感情的人，一旦事后意识到这是错误的，就会再次被激烈的情绪巨浪所裹挟，彻底失去了自我。

项羽正是这样的人。

听到了范增的死讯，项羽无比后悔。而且此刻他也知道了令自己怀疑范增以及钟离眜诸将，都是汉军的计谋，这令项羽更加悔恨。他的怒火终于爆发了，率领楚军以雷霆闪电之势，向荥阳城发起狂攻。一旦楚军这次的包围圈合璧，再加上狂怒的项羽，汉军就会手足无措。城内的粮食也快见底，荥阳城好似风中的残烛，危在旦夕。

刘邦连忙召集重臣、武将，谋划突围出逃的计策。其中一位叫纪信的将军说道：

"事态紧急，一刻也不容耽搁了。由我来顶替大王，瞒过楚军的耳目。大王一定可以趁机突围而出。"

刘邦决定听从纪信的计策。

当夜，汉军把荥阳城的东门打开，让两千名女子先出城，士兵紧随其后。楚军见状，从四面八方开始攻击东门。假扮为刘邦的纪信，坐上汉王的马车也出了门，并大声喊道：

"我乃汉王，因城中粮尽，现在出降！"

楚军阵中爆发出：

"万岁！"

欢呼声四起。刘邦趁此机会，和张良、陈平等率领部下数十骑，偷偷从没有防备的西门出城，一路逃往荥阳西北方向的成皋（河南省汜水）。

项羽，以为汉王马车里的男子就是刘邦。当他发现是纪信假扮的刘邦，就立刻明白又中了圈套。项羽气急败坏地质问纪信：

"刘邦在哪里？"

纪信嘲笑道：

"汉王已经出城很久了啊！"

项羽自己顿足懊悔不已，但这是后话。此刻他为了泄愤，命令部下将纪信活烧死。

刘邦出逃之后，负责荥阳城守备的是将军周苛和枞公。他俩一边激励士兵，一边进行着必死的防御。

项羽脸上浮现出焦躁的神色，正在这时，一匹驿马急速赶到项羽身边：

"因为彭越之故，我军粮草即将陷入断绝状态！"

没有粮草的话，楚军就无法继续作战了。项羽只好忍痛放弃对荥阳的围城，引兵撤退，与新的敌人展开对决。

第五节　勇武的"游击队长"彭越

彭越出生于昌邑（山东省金乡县西北），字仲。虽然是以渔业为生，但偶尔也会召集手下进行盗匪之举，是个"脚穿两双草鞋"①的人。陈胜、项梁两支义兵兴起之后，当地的年

---

① 日语"二足の草鞋を履く"，原意指又当赌徒又当"十手"（江户时代的捕快），身兼两种完全不同职业的人。

轻人纷纷劝彭越也举起义旗，但是彭越却稳稳地说：

"现在秦、陈之间，好似两条龙在争斗，我们稍安勿躁。"

就这样拒绝了他们的请求。一年之后，又有百余名年轻人准备起义，请求彭越当他们的首领。年纪已经不小的彭越这样推辞：

"我实在不能加入你们年轻人的行列啊。"

但在年轻人的再三请求之下，彭越只好答应了。于是约定第二天日出时分，所有人集合。让大家按照时间准时赶到，迟到的人将被斩首。

到了第二天，有十余名年轻人果然还是迟到了，甚至还有到中午才赶到的。这时，彭越对众人说道：

"我因为年老而推辞不干，但在你们的央求之下，才当上了首领。昨天既然已经和诸位约定好了，却有那么多人迟到，这算是怎么一回事？我不会杀掉所有迟到的人，但要杀掉最晚一个到的人。"

年轻人们都以为彭越是在开玩笑，都笑了。但彭越毫不留情地拉出最后一个到场的人，一刀就砍下了他的脑袋。

见到这一幕的年轻人们，吓得瑟瑟发抖。从此之后，众人发誓对彭越的命令绝对服从。

于是，彭越正式举兵起事。他很快征服了梁地，从今天山东省西部到河南省东部、山西省东南部一带，逐渐收编了散卒游勇，扩大了自己的势力。当项羽进入关中，将全国的土地分给诸侯、诸将，并册立他们为王的时候，彭越已经拥有了雄兵一万，却不归属于任何人，独自在梁地拥有绝对的权力。此后，齐国的田荣反抗项羽，彭越暂时作为田荣的将领活跃了一段时间。刘邦率领联军攻打彭城的时候，彭越归顺了汉。汉任命他为魏国的宰相，从那之后，彭越就以梁地为中心，作为汉的"游击部队"四处出击，成为非常困扰项羽的一股势力。特别是梁这个地域，正处于从彭城等楚国要地向前线荥阳方面运输军粮的要道上。如果谁占据这里，那么楚军的军粮就完全被切断了。正因如此，彭越在楚汉抗争中的动向，就具有极大的意义了。

项羽从荥阳引兵返回，攻击彭越。在此期间，刘邦从成皋回到关中，急忙招募士兵，准备再度返回荥阳前线。刘邦的说客袁生却前来阻止，他说：

"楚汉两国，已经在荥阳交战一年多了。汉军一直被楚军所困。这次，我认为大王最好从武关出兵，项羽必定引兵向南。那么，大王就深壁防守不出战，将项羽吸引过来就行。如此一来，荥阳与成皋的汉军就可以得到休息。同时，大王命令韩信等人汇集河北与赵地之兵，与北方的燕、齐联合。等这些事完成之后，大王再向荥阳出兵也绝不晚。而楚军则不得不应对多方面的防备而分散力量，相反汉军则可以充分地休养生息。这样再战，一定能破灭楚国！"

刘邦听从袁生的战略，从武关出击，与黥布等人联兵攻击宛、叶（河南省南阳及叶县）。

项羽得到情报之后，命令项声、薛公留下对抗彭越，自己则率兵杀向宛。刘邦依计，坚守在城壁之后，不与楚军交战。

项羽求战不得，于是从宛率兵向东，继续攻击彭越。

刘邦则在此期间率兵北上，向成皋进军。

项羽击退了彭越之后，听说刘邦向成皋进军，于是又立刻向西急行军。他首先再次猛攻荥阳城，活捉了汉将周苛。周苛被五花大绑带到项羽面前，项羽看着他说：

"你还是做我的部下吧！如果那样的话，我可以任命你为上将军，并给你三万户的采邑①，怎么样？"

周苛吐了一口唾沫，大声骂道：

"你们这些人啊！赶紧归顺汉王吧！否则，你们就都会是汉军的俘虏。你们再怎么样，也不可能是汉王的对手！"

被激怒的项羽，当场将周苛烹杀。

接着，项羽又攻打刘邦驻扎的成皋。刘邦无法抵挡强大的楚军，只能和夏侯婴等人从成皋逃脱，渡过黄河，北奔赵地。

第六节　背水之阵

在此之前，韩信按照计划从关中出发，讨伐魏豹。在安邑（山西夏县东北）降服了魏豹之后，韩信与张耳的数万援

---

① 此处原作"知行"（ちぎょう），指日本中世、近世封建领主所给予的土地支配权。有时也指恩赏给家臣的领地。

军汇合，一起向赵地进攻。得知这一情报的赵王歇与陈余，调集了二十万大军，在井陉（河北省井陉东北）布阵，准备迎击韩信。井陉是连接山西与河北的一大交通要冲。这时，赵国的谋士李左车向陈余献策：

"韩信的军队，乘胜而来，锐不可当。但是，我听说'千里馈粮，士有饥色；樵苏后爨，师不宿饱'①。井陉的道路非常狭窄，都不能并车而行，骑兵也不能列队通过。这样的队伍必定延绵数百里，粮草肯定落在后面。请您给我三万兵马，我沿着小路绕到敌军背后，偷袭他们的粮草运输部队。殿下您只要深挖护城河，加高城壁，巩固军营，坚守不战，那么，韩信等人肯定会退兵。再加上我的三万奇袭部队，截断敌军的后方通道，不给敌军掠夺粮食的场所。这样不用十天，便可以把韩信与张耳的首级奉送到您面前。请务必采用我的这一计策，如果不施行的话，那么我们都会被那两个人生擒活拿。"

然而，陈余一贯信奉正面进攻的阵地战，从不喜欢使用奇计。因此他对李左车说：

"兵法有云：'什则围之，倍则战'。②韩信的军队，表面上号称有数万，实际不过数千人。而且已经筋疲力尽了。如

---

① 颜师古注《汉书》云："樵，取薪也。苏，取草也。"

② 颜师古注《汉书》云："言多十倍者可以围城，多一倍者战则可胜。"

果这次避而不击，将来如果有大军来袭，我们还怎么能再战呢？倘若用你的奇计，诸侯们会嘲笑我胆小怯战，今后就都想轻易地来讨伐我了。"

因此，舍弃李左车的计谋不用。

韩信从密探那里得知李左车的计谋没有被采纳，非常高兴。韩信率领待机而战的大军，向井陉继续前进。在距离井陉入口约三十里（十四公里）处安营扎寨。夜半时分，韩信精选了两千名轻装士兵，持着汉国的赤色旗，让他们沿着小路爬上可以俯视赵国城池的山上隐藏起来。并且，在这些轻装士兵秘密出发之前，韩信面授了如下机宜：

"赵国一旦看到我们汉军逃跑，肯定会倾城追击。到那时，你们迅速冲进赵城，拔掉赵国的军旗，换成汉军的赤旗，明白了吗？"

韩信又命令副将给全军配备了简单的小食，说道：

"今天打败赵军之后，再请大家好好飨宴一番！"

诸将皆应声答道"唯！"但没一个人心里相信这会是真的。

韩信让一万汉军先行出发，从山中出来之后，背对河川布阵，这就是被后世盛称的"背水之阵"。当时，赵军看到这一阵势，全都哈哈大笑了起来。

拂晓时分，韩信挥舞大将的旗帜发出命令，全军猛击大鼓，向井陉入口处展开攻击。赵军见到汉军的大将之旗，便打开城门迎战。激烈的遭遇战进行了一段时间之后，韩信与张耳故意舍弃大将之旗与战鼓，向河岸边预先布置好的"背水之阵"逃去，赵军这时便倾城而出追击汉军。趁这个时候，等待已久的汉军两千奇袭部队杀入城中，将赵国的旗帜全部拔下，换成汉军的赤旗。

赵军在韩信部队的拼死抵抗下，并不能攻破韩信的"背水之阵"，于是引兵回城。但是，赵国将士突然发现自己的城头上居然到处飘舞着汉军的赤旗！他们以为赵国已经彻底失败了，赵王或者大将也许已经被汉军俘虏了，整个城外的赵军陷入一片混乱之中，士兵们开始四散奔逃。汉军趁此机会，从城中以及河岸两个方面夹击赵军，大败赵军。陈余本人被斩杀于泜水之侧，赵王歇则被生擒活拿。汉军获得了对赵国彻底的胜利。

汉军的诸将在庆祝战胜的酒宴上，对于韩信不依兵法使用"背水之阵"而能取得大胜，都感到不可思议。大家都在询问，这到底是什么战术。韩信这样回答道：

"诸君，你们可能没有注意到，兵法上也说过：'陷之死地而后生，置之亡地而后存。'讲的就是这个道理。我平时没有太多时间调教士兵，这就无异于'驱市人而战之'。因此，背水置阵就断绝了他们的退路，让他们在无法生还的压力下，主动奋战。"

诸将听到这席话，都深感佩服。

听闻赵国败亡的消息，北方的燕国就像风中之草一样，也向汉国臣服。汉任命张耳为赵王。

第七节　东奔西走的项羽

背水之战后，韩信与张耳停留在赵地，一边逐步平定赵地其他反对势力，一边不断地向刘邦的汉军大部队输送兵源，弥补汉军兵力的不足。刘邦从成皋逃亡出来的时候，韩信他们正在修武（河南省获嘉）布阵。

刘邦在韩信的军营附近待了一夜，第二天一早，刘邦等人假扮成汉王的使者，潜入韩信军中。刘邦夺走了韩信枕边放置的将军印与可以调动军队的符令。利用这两样东西，召集诸将，将全军直接置于自己的指挥之下——根据军法，一旦被授印任命为将军，那么，即使是原来他的任命者（王或君主），也不能号令其下的诸将与军队了——一切都发生在刹那之间。等到韩信等人醒来，顿时惊慌失措。刘邦重新任命张耳在赵国守备，韩信则重新征兵去攻打齐国。

刘邦夺得韩信部队之后，势力重振，再次南下到黄河北岸列阵。

同时，又命令卢绾[1]、刘贾率领步兵两万、骑兵数百，从白马津（河南省滑县）出发，向楚地发起攻击。骑将卢绾与

①日文版"卢绾"作"芦绾"，检索目前的《史记》《汉书》版本，均无作"芦"者。仅有如《东西汉通俗演义》的坊刻本作"芦绾"，疑日文排版误作"芦"。

彭越会合之后，在延津（河南省延津东）击破楚军，夺回了睢阳、外黄等梁地的十七座城池，此外还烧毁了楚国的军粮。

此时，项羽已经占据了成皋，他对大司马曹咎说道：

"你一定要好好守住成皋。即使汉军前来挑衅，也绝不能迎战。你只要阻止汉军东进就行了。我定在十五日之内，斩杀彭越，然后再度回到成皋。清楚了吗？"

项羽就这样让曹咎负责成皋的防务，自己则率领骑兵奔赴梁地，攻击陈留、外黄（河南省杞县）。

外黄城的抵抗非常顽强，项羽渐渐焦躁起来。经过几天的激战，终于将外黄城降服。项羽照例把城中年龄十五岁以上的男子全部拖拽出来，想把他们全部坑杀。这时，一位年仅十二三岁的少年，前来向项羽祈求：

"彭越依仗强大的军队恫吓、要挟我们这座城市，大家惧怕他而不得不暂时投降了，其实是寻找机会等待项王的到来。如果项王进城之后，就准备把大家都坑杀了，这让梁地的老百姓如何信任项王您呢？由外黄城向东，还有不少梁地的城池。如果他们听说外黄之人被坑杀，那么那些城中的人们就会惧怕项王，恐怕都不会臣服于您了吧。"

这位少年的话，让项羽不由得大吃一惊。此前齐国的例子中可以看出，项羽越是遇到激烈的抵抗，就越是采取报复行动。而且，项羽深信这样的报复行动，作为他们反抗自己的惩罚，是理所应当的。天下人对于这种行为愈来愈强烈的憎恶与愤怒，项羽他自己似乎丝毫没有察觉。

这次，项羽听从了少年的劝告。即刻将外黄百姓全部释放。因为这一举动，一直到东边的睢阳（河南省商丘）为止，梁地城池都争先恐后地向项羽臣服了。

现在再看大司马曹咎的情况。他遵照项羽的命令，坚守成皋城。汉军知道项羽不在城中之后，果然就发起了猛攻。但是，楚军并不应战。汉军就在城外大声羞辱咒骂曹咎。五天、六天过去了。汉军的挑衅越加肆无忌惮，曹咎终于忍无可忍，愤怒之下忘记了项羽的命令，大开城门，冒冒失失地就向汉军发起了进攻。汉军在汜水之畔列阵，迎击曹咎，结果大破楚军。楚将曹咎、司马欣、董翳等眼看大势已去，自知罪不可赦，都引咎自尽了。

项羽在攻略外黄城之役中，把约定的时日都耗尽了。当曹咎战败的消息传来时，他还停留在睢阳。项羽已经把彭越逼到无路可退的境地，只差最后一步了，但无奈之下只能退兵赶回成皋。汉军此时已经乘胜追击，把楚将钟离眜牢牢包围在荥阳附近。但是，在汉军记忆之中，与项羽的正面作战，从来都是百无一胜。因此，当听到项羽本部来袭的消息之后，汉军顿时惊慌失措，立刻解除了对钟离眜的包围，退到了广武山（河南省成皋东北方）。

于是，项羽和刘邦眺望着广武山，开始列阵相对。

第八节　韩信破齐

就在差不多同一时间，韩信正在向齐地进军。因为此前麾下的军队全部被刘邦夺走，所以只能在赵地紧急征用士兵，重新组成了一支远征军。齐国很快就得到了这一情报，在历下（山东省济南）部署大军防备韩信。

有一天，在汉军大营之中，郦生也就是郦食其，向刘邦提出如下计策：

"现在齐国在田广的统治之下蒸蒸日上，将军田间正率领二十万大军在历下布阵。田氏是齐国最有权势的家族。此外，齐地的地形是背靠大海，面朝黄河；南边靠近楚国，加上齐地之人又善于权谋术策，大王即使派出数十万重兵，恐怕在短时间内也无法击破齐国。因此，我愿意奉持着大王的亲笔信，出使齐国，说服齐国加入汉的一方，大王意下如何？"

刘邦采用了郦生的计策，在没有和韩信联系的情况下，派出郦生前去齐王那里。郦生乘快马赶到齐国，他拜见了齐王田广，立刻滔滔不绝地展开了他的雄辩之术。在论述了项羽的劣势以及刘邦的优势之后，郦生说道：

"天下的大势已经基本确定了。大王若能迅速地站在汉的一边，齐国将安泰无事；如果拒绝这样的话，恐怕只有灭亡之道啊！"

齐王终于被郦生说服了，他下令解除了历下守军的防备，与郦生举行了庆祝和平的酒宴。整个气氛其乐融融。

韩信听到齐国投降的消息时，已经进军到平原（山东省平原南）附近了。韩信自己认为已经没有继续攻击齐国的必要了，准备撤军回去。正在这时，一个人大声说道：

"现在不能回去！"

说话的人是范阳（河北省定兴）的策士蒯通。他进一步走到韩信面前，说道：

"将军本是受汉王之命攻打齐国的，千里迢迢好不容易来到这里。但汉王没有和将军商量过一句，又独自派遣密使去齐国招降。因此，将军没有中止攻击的理由啊！更何况，郦生就一个人扶着马车的横木，凭借三寸不烂之舌，就拿下了齐国七十余座城池。与此相反，将军您率兵数万，经过一年多的奋战，好不容易才攻克了赵国的五十余座城池。将军多年来的苦战功绩，竟然比不过一个普通读书人，这是多么荒唐的事情啊！"

韩信听了蒯通的话，恍然大悟。于是根据蒯通的计策，从平原津渡过黄河，开始突袭齐国。

齐国因为已经解除了历下守军的防备，所以处于毫无防备的状态。面对来敌，齐军连重整队列的时间都没有。韩信的军队，好像在无人的原野上一般突击横行，疯狂攻略齐国的城池，没用多久就攻到齐国都城临淄之下。如此一来，郦生的处境就悲惨了。齐王田广深信是郦生欺骗了自己，于是怒火中烧。他逮捕了连日来都在置酒高会的郦生，用大釜将其活活煮杀。

此后，田广在临淄的反击战也失败了，于是他弃城逃亡高密（山东省高密），遣使向项羽求援。得知消息的项羽，立刻派出龙且去迎战韩信。龙且与田广合兵，号称二十万，前去与韩信率领的汉军对决。

龙且在项羽的诸将之中，称得上是一个骁勇善战的大将。对阵的另一方韩信，则因为"胯下之辱"而被当世人认为是个胆怯者。所以龙且在接到攻击命令之后，就轻蔑地认为对方不过是一个"胯下将军"，自己肯定能一口气歼灭韩信的军队。龙且的一名属下见状，提出了忠告：

"将军不能轻视汉军的战斗力，他们是一群远离故乡，拼死而战的士兵，潜藏着难以击破的力量。我们在进行大决战之前，最好与已经投降的齐国诸城秘密取得联系，让他们一起发动内乱。这些城池，只要听到齐王健在，并且和楚军一起来救援的消息，就一定会起兵反抗汉军。如此这般，汉军很快就没有了齐地的粮食供给，楚国就可以不战而胜了。"

龙且听闻此言，捧腹大笑说道：

"我很早以前就认识韩信这个人，从没有见过像他那样胆小的家伙。干掉他这样的家伙，是一件轻而易举的事。更何况我们是来援救齐国的，如果不战而降服对方，我（作为武将）的颜面就尽失了。只要打了胜仗，那么齐国一半的土地就归我们所有了，既然如此，我们何必磨磨蹭蹭的呢？"

故而龙且对他属下的忠告充耳不闻。

终于到了两军决战的日子。龙且和韩信隔着潍水（山东省）对峙。韩信曾经也是楚国阵营的一员，因此他非常清楚龙且的秉性脾气。韩信连夜发动士兵做了一万多个沙袋，在潍水的上游筑起一道临时的水坝。

拂晓时分，韩信一方首先发起了进攻，龙且一方见此也立刻出战迎敌。然而，汉军刚刚走到河川中央，就整体开始撤退。龙且见状大喜，说道：

"我就知道韩信是个怯战的懦夫！"

潍水并不是一条很大的河川，虽然说不能通行船只，但也绝不是可以步行涉水而过的河川。没想到，今天的士兵和战马都能顺利地横渡河川！龙且坚信胜负已定了，兴奋不已。他根本没有想到上流已经被一道临时水坝堵住了。

"冲啊！不要让韩信逃走！"

楚军全军都在叱咤怒吼。龙且一马当先，率领楚军呐喊着发起了总攻。楚军很快蜂拥到河川的中央位置。就在这时，突然间传来：

"咚！咚！"

这样震地的巨响。伴随着巨响，上流的激流倾泻而来。

"啊！水来啦！"

等楚军明白过来的时候，为时已晚。顷刻之间，激流就吞没了楚军，以狂暴的速度冲走了他们。

龙且本人好不容易爬上了岸，但被早已等候多时的汉军立刻斩杀。龙且被杀之后，剩下的军队纷纷败走，最后连田广也被捕了。

在田广去世之后，田荣的弟弟田横被立为齐王。但是，田横很快也被汉将灌婴击败，仓皇逃到了海岛之上，最后也壮烈死去。

就这样，韩信彻底征服了齐地。然后，他派遣使者去刘邦那里，向刘邦复命齐国已经平定的同时，以维持齐国治安的名义，请求让自己做一个"假齐王"。当时，刘邦对韩信攻击已经投降的齐国这一军事行动，极度不满意。当他收到韩信这一请求之后，勃然大怒骂道：

"我在这里和项羽苦战，正指望韩信来救援，他居然还要当齐国的王?!"

刘邦发怒的时候，韩信的使者就在眼前，张良和陈平立刻偷偷踩了一下刘邦的脚，小声地提醒他：

"现在汉军处于不利的境地，如果拒绝韩信这一请求，一旦发生意外，那就是大事了。当下之际，不如顺着韩信的意思立他为王，让他为汉守齐地吧。"

听了张良等人的劝谏之后，刘邦没有办法只能立韩信为王。

他继续骂道：

"大丈夫要做王就做'真王'，假的算什么意思。我现在正式册立韩信为齐王!"

刘邦心里虽然很不高兴，但还是选了张良作为自己的使者，令他前往齐国，向韩信传达这一册命的同时，再次下令让韩信攻打楚国。

第九节　广武山的对决

我们再回到广武山的战场。

楚汉两军在此对峙，已经持续了数月。在此期间，彭越在梁地再次恢复了势力，重新开始不停地袭击楚军的粮道。楚国士兵为了追击刘邦，从彭城出发，已经有一年半了。这些士兵们经过马不停蹄的长期急行军以及激烈的、不间断的作战，已经是苦不堪言了。楚国的老人和小孩也因为长途运输粮草而疲于奔命。

项羽的脸上也再次浮现出焦躁的神色。他命令部下，把囚禁在彭城的刘邦之父太公押送过来，把他放在案板（俎）上，推到两军阵前。

项羽大声向对面的刘邦喊道：

"如果你不马上投降，那我就煮杀你的老父！"

刘邦立刻答道：

"我和你曾经都是楚怀王的臣子，举行过兄弟之盟。我的父亲对你来说，也是父亲。无论如何，如果你要煮杀他，请分我一杯肉羹如何？"

项羽勃然大怒，气得头上冒出了热气，拔剑就想砍了太公。项伯连忙阻止他说：

"杀了太公，又有什么好处呢？反而会给刘邦一个反击的好借口。"

项羽极不情愿地收回了刀，然而无法平息心中的怒火。刘邦的话，并不是单纯的虚张声势，项羽再次体会到刘邦的冷酷无情。

如果我们在这里说刘邦是"冷酷无情"，可能有的读者会感到迷惑不解。在一般的印象中，刘邦是一个温柔敦厚的长者。说起残忍、冷酷、无情，这些好像就是项羽的专属代名词。其实，在冷酷无情这一面上，比起项羽，刘邦无疑是更加厉害的。当年刘邦在彭城败北，九死一生逃往荥阳的途中，他偶然遇到了自己的儿子和女儿，就让他们上车同行。正在这时，楚军的骑兵顺着路追踪而至。因为车上载着两个孩子，所以车速就慢了下来。于是，刘邦居然把自己两个孩子从高速奔驰的马车上推了下去。当时驾车的是夏侯婴，他急忙停车，把哇哇大哭的两个孩子重新扶上了马车。然而，刚刚过了一会儿，刘邦又把两个孩子推到车下。夏侯婴再次把哭喊着的两个孩子扶回车中。刘邦却觉得不要管小孩了，拔剑出来准备砍他们。夏侯婴怒斥道：

"虽然我们处境很危险，但是能干这样残酷狠毒的事吗？做父母的还知不知道差耻！"

也许是司马迁出于顾虑，没有在《史记》的《高祖本纪》中记载这件事。但是，却可以在项羽与夏侯婴的传记中看见这一逸闻。

与之相对，项羽形象则多半是华美、豪爽的。他出身贵族，光是这一点，就足以吸引世人的目光。加上他所有的行事风格都很"铺张"，因此项羽的一举一动都被天下人高度注意。相反，刘邦就成了世人关注的"盲点"，因为宣传的结果，导致人们只强调刘邦好的一面。这使得项羽的处境变得更加窘迫，但话说回来，项羽本质就是一个容易吸引众人眼光的男子。

过了数日，项羽向刘邦喊话：

"天下黎民百姓之所以心惊胆战，都是因为我们两个人。不要再无谓地折磨他们了，就让我们两个人来决一雌雄吧！"

刘邦笑着回答：

"如果要斗智的话，我愿意奉陪。决斗的话，我自己是不会参加的！"

项羽的额头上，眼看着青筋就一根根暴起。他从部下之中唤出一名英勇的豪杰之士，命令他向汉军发出挑战。

在对面追随刘邦的部下之中，有一个楼烦出身的武士，能在马上熟练地张弓射中目标。楼烦，在当时是赵国（山西省）西北边境过着游牧生活的胡族。由于游牧生活的缘故，他们的性格非常彪悍，特别是骑射技术高超绝伦。汉军选中这位楼烦武士迎战。

楚汉两位勇士的决斗，在两军对阵的正中央展开。很快，楚国豪杰就被楼烦胡族武士射穿了胸膛。楚军派出第二名勇士挑战，同样也被射杀。第三名也是如此。汉军中爆发出雷鸣般的喝彩声；与之相对，楚军阵营中意气消沉，无声无息。

项羽满面怒气地站了起来。他身披甲胄，手提大戟冲出军阵。楼烦武士立刻引弓上箭，瞄准了项羽。

"你能射，就尽管放箭射来！"

项羽目光锁定楼烦武士，对他发出洪钟般的怒吼。韩信曾经这样评价项羽，说他"喑噁叱咤，千人皆废"，这是展现项羽勇猛的一个场面。又据《史记》记载，项羽的眼睛是双瞳。也就是说，他共有四个瞳子。被这样好像有四个眼睛的怪兽瞪着，简直让人心惊胆战受不了。

一直面无表情的楼烦武士，此刻他的脸上也浮现出恐惧的神色。楼烦武士不敢正视项羽那炯炯有神、闪着锐利杀气的目光，紧张得手一直在颤抖，根本无法射箭。楼烦武士的战马，也被项羽这股强大的气息震慑，不自觉地往后退。最后，楼烦武士吓得连头也不敢回，一路狂奔逃回汉军阵中，再也不敢出阵了。

刘邦在远处目睹了这一切，怀疑出场的对手可能就是项羽本人。他惊讶于这第四位楚军的豪杰，竟然拥有如此强大的力量，就命令部下打听这位豪杰的名字。很快，部下就回来报告：

"对方正是楚军的总帅，项王！"

刘邦听闻之后：

"嗯——"

只发出了这样一声叹息。

亲眼看见过项羽强大气场的刘邦，无法拒绝他的提议，只能硬着头皮再次出现在广武山阵前会见项羽。项羽和刘邦，各自带着部下，准时到达了会见的地点。

项羽当场再次提出要进行两人间的决斗。

刘邦则斥责项羽道：

"你已经犯下了十宗大罪。现在我就好好地历数一下吧！当初我和你一起接受楚怀王的命令。怀王说过，要让先入关中的人成为那里的关中王。而你违背楚怀王的约定，让我去蜀汉之地为王，这是你的第一宗罪。

"你去救援赵国的时候，假造楚怀王的命令，杀死了上将军宋义，自己当上了上将军，这是你的第二宗罪。

"援救赵国之后，你应该立刻返回彭城，向楚怀王复命，可是你却强迫驱使诸侯之兵，杀向函谷关，这是你的第三宗罪。

"楚怀王曾经叮嘱，即使进入秦地，也绝对不能暴行滥杀，抢夺财物，你却把秦国宫殿付之一炬，掘开始皇帝的帝陵，盗取珍宝，这是你的第四宗罪。

"杀死已经归顺的秦王子婴，这是你的第五宗罪。

"在新安，欺骗秦国降卒二十万人，将他们全部坑杀，并将他们的将领章邯册立为王，这是你的第六宗罪。

"你将部下的诸将派去好的地方为王，而将原来的王全部放逐到恶地，扰乱了君臣间的秩序，这是你的第七宗罪。

"你把义帝赶出国都彭城，夺取韩王成的土地，一个人占据那么大的土地，这是你的第八宗罪。

"又命令部下暗杀了义帝，这是你的第九宗罪。

"身为臣子而杀主君，杀降者。宰配天下却不以公义，破坏约定，不守信义。你就是天下人所无法容忍的大逆不道的贼首，这就是你的第十宗罪！我要兴起正义之师，和天下诸侯一起，对你这个大逆不道的人加以天诛！我岂能在这里与你决斗，被你白白杀死?!"

被激怒的项羽，面如朱泥一般。大骂道：

"你这个刻薄无耻的卑劣者！"

他立刻引弓射向刘邦，箭矢顿时射中了刘邦的胸膛。刘邦忍痛故意弯下腰，把双手放在脚上，并大声叫嚷道：

"混账！被这个大蠢货射到我的脚了！"

这其实是刘邦的一场表演，他认为如果被别人知道箭射中了自己的胸口，会影响自己军队的士气。

刘邦被部下挽着回到了阵中，因为箭伤而卧病在床。此后，创口恶化，刘邦只能把军队交给张良统管，自己回到成皋城中治疗。

第九章
四面楚歌

第一节　韩信的去就

项羽想趁汉军畏缩不前之时，无论如何也要一决胜负。恰在这时，决战的机会到了。他接到了部下龙且战败、韩信平定齐地的快马情报。项羽的背后出现了意想不到的强敌。

项羽有一种不祥的预感。就像此前的龙且一样，楚国人普遍都认为韩信是一个怯弱的卑鄙小人，没有一个人承认他的真正价值。项羽，自然也不例外。事实上，韩信最初跟随楚军的时候，项羽也只是给了他一个"郎中"的低职。因此，韩信离开了项羽，逃往汉地。然而，自从韩信跟随了刘邦，可谓如鱼得水，发挥出极其不凡的才能，也展现了高超的军事手腕。例如：从被认为是至难之地的巴蜀、汉中，逆击关中，并将之平定；席卷魏地与赵地；然后此番又征服了强国——齐。一路下来，韩信那令人恐惧的威名，渐渐传遍天下。

项羽大军的背后，本来就有彭越在不断侵袭、破坏。加上又出现一个与彭越不可同日而语的大敌——韩信。这时，项羽认为无论如何都要拉拢韩信到自己阵营的一边。因此，项羽派出了一位名叫武涉的说客前去韩信那里，希望能够说服韩信与楚军联合。

武涉见到韩信，对他说道：

"天下长期受秦之苦，因此大家合力击倒了秦帝国。秦帝国瓦解之后，应该给有功者分封土地称王，然后解除军队，让士卒们休养生息。但是，汉王再次起兵东进，侵略他人的领地。在攻破关中之后，汉王又率兵出函谷关，要挟诸侯们的军队，与他一起向东继续侵略，现在正在攻打楚国。他的野心，非要征服天下于一身不可。真是贪得无厌的行为啊！

"而且，汉王是一个毫无信用的人。他的性命此前常常捏在项王的掌中，是生是死皆依项王之意。项王见他可怜，便放过了他。但是，汉王刚刚逃离了危境，不思报恩，反其道而行之，攻打项王。从这一件事就可以看出汉王是多么地不可信任。如今，您与汉王结以深交，为了他竭尽全力用兵征伐，但总有一天，您会被他算计得一败涂地，体无完肤。您之所以能保有性命，并拥有今天的地位，全是因为项王还健在，汉王不得不把目光与力量都集中在项王身上。

"现在，汉王与项王的胜败，全取决于您的一举一动。如果您追随汉王，汉王就会获胜；如果您转入项王的麾下，则项王获胜。不过，一旦项王被消灭，那么下一个就轮到您了。

您曾经也是项王的部下，现在如果反汉与楚联合，那么天下就会三分，您不就是其中的一王了吗？您现在错失这样的好机会，轻信汉王而继续攻击楚国，真正的智者是绝不会这么做的。"

韩信听闻之后，谢绝了武涉。韩信说：

"我曾经的确效力过项王，所得到的职位不过是郎中而已。进言不被采纳，献计不被采用。因此，我反楚而归顺了汉王。汉王授予我上将军之职，献言可听，献策可用。我能有今日之荣，全靠汉王的庇护。如此大恩大德的汉王，我怎么能背叛他？即使是死了，我这种态度也不会改变！请你帮我回绝项王。"

武涉用尽解数去劝说韩信，但最终没能说服对方，垂头丧气地返回楚营了。

武涉离开之后，韩信身旁的蒯通走上前来。蒯通曾经建议韩信不顾郦食其的安危攻打齐国，自从那时起，蒯通就成了韩信的重要谋士。蒯通也知道，现在能左右天下命运的人，非韩信莫属。他心生一计，想要说服韩信。他的梦想，就是辅助主公韩信获得天下。

蒯通说道：

"鄙人以前学过相人术。"

"哦？先生的相人术，到底是怎么样的技法呢？"

"人的贵贱，通过看骨相便可知道。人的喜忧，则通过观察容色便可知晓。此外，成功或者失败，可以根据他的决断力来得知。然后把这些综合起来相人，万中无一失手。"

韩信坐在那里，听闻之后，不禁往前移动膝盖，问道：

"原来如此，那么，请您先看看我的相。"

蒯通郑重严肃地回答道：

"那在相人之前，请主公您先屏退左右人等。"

于是韩信命令帐中其他人全部离开，不过一会儿，就只剩下韩信与蒯通两个人了。

"这样一来，就没有第三人能听到了。那么，请先生坦率地为我相一相吧！"

"相主公之面，地位止于封侯，而且还在岌岌可危之中。然而，相主公之背，其富贵之相简直无法用语言描述啊！"

蒯通用"面"与"背"，其中暗中喻示着支持刘邦，亦或是背叛刘邦。韩信逐渐被蒯通的话深深吸引住了。

"请问先生，如何解释这个面相与背相呢？"

蒯通回答道：

"当初，天下之人为了打倒暴秦而群起，他们的目的只是推翻暴秦。可是一旦秦帝国覆灭之后，楚与汉立刻分据东西争夺霸权，使得无辜之民陷于涂炭之中。

"项羽从彭城出兵，一路转战，乘胜追杀到荥阳，其席卷大地的威力，足以让天下人震服。但是在荥阳、成皋一带，楚军却陷于苦战，就这么被西山所阻隔，至今快三年了，都无法顺利进击。另一方面，汉王率领数十万军队驻扎在荥阳、成皋防守，他们虽然仰仗着山河之险，却屡屡战败。双方一进一退来回拉锯。这就是所谓的'智勇俱困'[①]啊。

"百姓为长久的战争所累，非常怨恨。流离失所，惶惶不可终日。依照我的判断，只要天下的这种形势持续下去，如果没有圣贤出世，那灾难就永远无法平息。现在，楚汉二王的命运，取决于主公您的一举一动。您合兵于汉，则汉胜；合兵于楚，则楚胜。倘若主公能够听从我的计策，就应该让楚汉二王两立，鼎足三分，割据天下。那样的话，谁都不敢先发制人，发动进攻。

"我想，像您这样的圣贤之士，手中握有大军，占据得地利之便的齐国，以此为根基，可以向北降服燕赵，控制楚汉的后方，然后顺应民意，向西出兵，为了生民之性命，让楚汉二王停战，没有一个会不答应的！然后，分割大国，重新分封诸侯。[②]那样，新的诸侯们就会臣服于齐国，感念齐国的恩德。如果主公以仁德（而不是以威力）为原则分封诸侯，然后一直以谦让的态度对待他们，那么，天下的君王们都会悉数入朝齐国。这就是常说的'天与弗取，反受其咎；时至弗行，反受其殃'。请主公三思！"

听闻之后，韩信说道：

---

① "智勇俱困"出自《史记·淮阴侯列传》及《汉书·蒯通传》。《北堂书钞》卷三《帝王部》作"知勇俱困"，其四字后的双行小注则谓出自上述《史记》《汉书》之列传。

② 蒯通陈词中的"割大弱强"四字，见于《史记·淮阴侯列传》，但不见于《汉书·蒯通传》。

"汉王待我非常优厚，让我坐上了诸侯王的马车，给我诸侯王的服饰，让我享用诸侯王的食物。我听说'乘人之车者载人之患，衣人之衣者怀人之忧，食人之食者死人之事'①。我不能为了一己之利害而违背道义。"

蒯通接着说道：

"张耳与陈余还是市井之民的时候，两个人是即便被斩首也不后悔的亲密至交（刎颈之交），后来两人从张黡、陈泽②借兵的事（钜鹿之战时）以来，就互相仇视。最终张耳杀了陈余。这两个人是天下著名的亲密朋友，为什么会互相憎恶呢？那是因为'患生于多欲而人心难测也'。再往前看，大夫种复兴了濒临灭亡的越国，成功辅佐主君勾践登上了诸侯的统帅之位，功不可没，然而最后也被勾践杀了。正所谓'野兽已尽而猎狗烹'。现在您与汉王之间，就友情而言，不如张耳与陈余亲密；再就忠诚而言，也不及大夫种对待越王勾践。而这两个人，不就是很好的实例吗？"

蒯通又说：

"我又听说'勇略震主者身危，功盖天下者不赏'。如今的您，拥有令汉王胆战心惊的勇气与谋略，也有令人赏无可赏的至高功绩。如果去归顺楚国，项羽也不会信任主公您。

---

① 李晚芳《读史管见》卷三《淮阴侯列传》云："三句言其情。"

② 《史记》的《张耳陈余列传》、《淮阴侯列传》作陈泽。《汉书》的《蒯通传》作陈释。

同样，主公去归顺汉王，汉王也会感到害怕。那是因为主公您拥有了无人能及的功劳与绝世无双的勇略，试问谁敢接受您的归顺呢？"

蒯通的辩才越发激昂，而且还在滔滔不绝地说着。韩信也被他说得喘不过气来，只能说道：

"先生，请您休息一会儿，也让我考虑一下。"

几天之后，蒯通再次来到了韩信的面前，说道：

"能接受别人的忠告，是大事可成的一个征兆。而出谋划策，则是大事可成的一个契机。如果不听忠告，也不做出相应的谋划，那么想要长时间地保持自己的安全，是不太可能的。决断是成功的纽带，踌躇是失败的祸根啊！"

蒯通继续极力劝说：

"机会很难得到，但却很容易失去。现在，就是最好的机会！这样的机会，再也不会有第二次了！"

韩信的确被蒯通说得心动了，但是却不忍心背弃刘邦，踌躇不决。与此同时，韩信认为自己为汉国尽了极大的功劳，刘邦应该绝不会加害自己。他的想法实在太天真了。即便是蒯通这样的热烈雄辩，也无法让韩信下定决心，踏出决断的一步。

韩信最终拒绝了蒯通的献策。蒯通出自肺腑的忠言，没有被韩信听进去，他感到自己可能会有危险，就托言精神混乱而离开了韩信。①

第二节　项羽陷入困境

对于项羽来说，与韩信联合的失败，是一个很大的打击。

齐国开始攻打楚国，而刘邦也完成了休养生息，于是从关中增派援军，展开了反攻之势。

腹背受敌的项羽，依旧像迅猛的狮子一般，身先士卒左右作战，然而无奈楚军已经疲惫不堪了，而且军粮极度缺乏。

刘邦趁此之机，向项羽提出议和。条件是以鸿沟（黄河支流贾鲁河）为界，以西为汉的领土，以东为楚的领土。

项羽绝不是一个示弱的男子，不过，听到刘邦的这番提议，他的内心为之一动。因为项羽自己也对无限的战争感到疲倦了。

于是项羽答应与刘邦和解，他把扣押在楚军中的刘邦父亲太公和妻子吕雉释放回去，然后命军队退阵向楚地而去。

刘邦也准备引军退回关中。这时，张良和陈平出来阻止刘邦，他俩建言：

---

①《史记·淮阴侯列传》云："蒯通说不听，已详狂为巫。"《史记集解》引徐广云："说不听，因去详狂。"《汉书·蒯通传》作："通说不听，惶恐，乃阳狂为巫。"永田英正此处是综合了《史记》《汉书》的说辞。

"现在我们不能和楚军缔结和议。目前，汉军已经占有了天下的大部分土地，又有很多诸侯站在我们这一边。相反，楚军现在士兵疲惫，粮食匮乏。现在正是攻打楚军的最好时机，绝不能让这样的机会溜走啊！"

刘邦听从了张良等人的忠告，骤然改变了原定的计划，立刻撕毁了与项羽的和议。挥师向东，对项羽展开了攻击。

公元前203年十月，刘邦进攻阳夏（河南省太康）。

他同时派出使者去韩信和彭越那里，要求他们在固陵（河南省淮阳西北）汇合，夹击楚军。但是，到了约定的汇合日期，韩信和彭越的军队都没有出现。

接着，项羽在固陵将刘邦打得溃不成军。

刘邦只得再次逃进了阳夏城。他对韩信等人不来驰援感到非常生气，他也并不明白这些人不来的原因是什么。于是，刘邦向张良问道：

"韩信与彭越都不遵守和我的约定，这如何是好呢？"

张良回答道：

"韩信是齐王，彭越是魏的相国（宰相），但都只是一个头衔而已，没有得到实际的封地。他们都有高功，汉王不给他们实际的恩赐，只是想在需要的时候利用他们，这是不可能的啊。应该立刻给他们二人以封地，命他们率兵来助阵，千万勿再迟疑了！"

"好的！我明白了！"

刘邦马上向韩信和彭越又派出了使者，传达了这样的意思：只要破楚之后，就分别割齐国、梁国之地给二人作为封地。

张良这一触及人情隐微之处的计策，果然奏效了。韩信与彭越答应出兵。

第三节　垓下之围

项羽，撤退到了垓下（安徽省灵璧东南）。

以刘邦为首，齐地来的韩信，梁地来的彭越，淮南来的黥布，也各自率军陆续汇集到了垓下。

项羽被汉军大部队，双重、三重包围住了。他想从包围圈中突围，但是四面都有重兵把守，连一只蚂蚁也无法逃脱。项羽的军粮已经耗尽，楚国士兵因为饥饿和疲惫已经丧失了

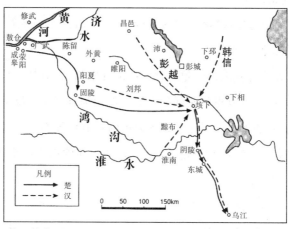

楚汉抗争图之二

战斗意志。面对死亡的威胁，楚军内部弥漫着沉重不安的气氛。项羽说：

"明天，无论如何也要突围！"

他向全军传达了悲壮的命令。

这天夜里，四面包围的汉军中，传来了项羽故乡的楚歌之声。

项羽惊诧不已，说道：

"啊！难道汉军已经把楚地全部拿下了吗？即便如此，难道连楚国的人也都成了我的敌人了吗？"

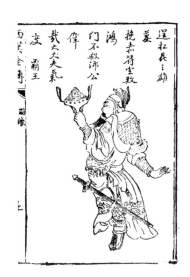

清剑啸阁刊本《西汉演义》霸王、虞姬绣像

想到这里，项羽越发难以入眠，他在夜里起身，于军帐中饮酒。

项羽有一位叫作虞美人的爱妾，一直陪伴在项羽身边。此外，还有一匹叫作"骓"①的骏马，也是一直由他骑乘。

悲愤慷慨的项羽，作了如下一首辞世之诗：

力拔山兮气盖世，时不利兮骓不逝。
骓不逝兮可奈何，虞兮虞兮奈若何！②

如果用日语（现代汉语）翻译，就是：

拥有摧山拔塞的力量和压倒一切的气概，
如今时运不济，就连平日的骏足爱马，也不愿前进了。
而且，对于时运已经逝去的自己，爱马不再前进，就再也无法施展我的能耐了啊！
我亲爱的虞姬啊！对于你所忍受的不幸，现在的我却又什么都不能做啊！

---

① 《史记正义》引顾野王云："青白色也。"胡三省注《资治通鉴》云："苍白杂毛曰骓。"

② 吉川幸次郎《中国诗史》（章培恒等译，复旦大学出版社，2001年）指出，日本流传的《史记》在"骓不逝兮可奈何"前多一句"威势废兮骓不逝"。他引用了京都五山僧人桃源瑞仙（1433—1489年）的《史记抄》，认为这是一种唐土传来的古本原貌（页36—37）。

一遍又一遍，项羽歌咏了好几回。虞美人也为之唱和。①

项羽的脸上，不知何时已经流下了泪水。

左右的人也都哭泣了起来，没有一个人把头抬起来。

这是有名的四面楚歌的场景。

项羽与刘邦的争霸战，也就是楚汉战争的各个场面，作为戏剧的绝佳素材被广泛使用。在中国的传统戏剧——京剧之中，也有好几个场景作为素材而上演了。除了已经介绍过的《鸿门宴》，比如还有张良在博浪沙暗杀始皇帝场景的《博浪锥》；另外，张良从下邳土桥老人（黄石公）那里被授予兵法之书的《圯桥进履》；以钜鹿之战为素材的《九战章邯》；从汉中逃亡的韩信，以及追他的萧何的《萧何月下追韩信》；荥阳之战时，汉将纪信为刘邦做替身的《取荥阳》；广武山展开对决的《广武山》；其中最著名的，就是以霸王项羽与虞美人在垓下诀别情景为主题的《霸王别姬》。这一出戏以四幕十二场组成，在相当长的时间里面，名优梅兰芳所演的虞姬，被认为是最佳角色。只是梅兰芳也在前几年去世了。②

虞美人或被称为虞姬，这位女子是项羽的爱妾。当时王

① 关于虞姬的唱和歌词，《史记正义》引《楚汉春秋》云："歌曰：'汉兵已略地，四方楚歌声。大王意气尽，贱妾何聊生。'"泷川资言《史记会注考证》引《困学纪闻》云《楚汉春秋》不见于后世，此歌已是五言诗。

② 梅兰芳去世于1961年，永田英正《项羽》初版于1966年。

民国时期梅兰芳《霸王别姬》宣传画

的正妻叫"夫人",作为妾的称号有:美人、良人、八子等等。"美人"是妾号的一种,这些妾统称为"姬"。所以,那时的"美人"和现在一般使用的词汇"美人"是完全不同的含义。

在四面被汉军包围的楚军阵中,英雄项羽与爱妾虞美人举行了诀别之宴。周遭的情况也好,人物也好,这独一无二的场面,在后世被无数次阅读、演剧,并加以修饰,广为流传。因此,项羽在"英雄"之上,又赋予了"悲剧"二字。只是司马迁的叙述,正如前面所描写的那样,虽然简洁,但无比深刻。

第十章

英雄项羽之死

第一节　虎与龙

如果把项羽比作虎，那么刘邦就是龙。但是，项羽从举起反秦大旗的时候开始，就已经显示出了猛虎一般的威名与实力。相反，刘邦从一开始绝不是一条巨大、可怕的龙。虽然我们不知道"幼龙"是一个什么形象，但至少刘邦奉楚怀王之命，从彭城出发的时候，这条"幼龙"的身上肯定连鳞片①都还没有长出来。当他离开彭城一路转战到关中，再经过汉中而再次出现在中原之时，刘邦已经成长为一条不折不扣的真龙。他将优秀的部下与强大的军队牢牢地掌握在自己手中，并将他们化为自己的血、肉、鳞，变成了一条气势奔放

---

①永田英正这里原文是"竜の片麟（へんりん）"。据赤冢忠、阿部吉雄《日语汉和辞典》，"片麟"除了指鱼类的鳞片之外，还指事物的微小、幼小部分。

的威龙。

对于龙来说，关中之地无疑是最好的居所。在舒适与丰饶的关中摄取了充足的营养后，这条龙终于沿着黄河向东方抬起了头。那里虽然无法与关中的重要性相比，但是中原的富饶"食物"却足可以引起这条龙的欲望，这一点是毋庸置疑的。龙伸出了它锋利的獠牙与血红的舌头，把散落各处的"食物"统统吞噬。龙变得越来越大、越来越强。最后，龙之首贪婪地伸向了虎之穴。

虎猛然袭杀过来。项羽这只虎，虽然名之曰虎，但却不是一只普通的虎。这只虎有着无敌之力，傲视群虎，自诩为真正的百兽之王，而且也是百年，甚至千年不遇的一只虎王。果然，龙被虎打得满身伤痕，慌忙把头缩了回去。愤怒的猛虎，在后面急追这条龙。龙在黄河中游地区停了下来，稳稳当当地伸出它巨大的躯体与尾巴，徐徐地把虎包围起来。猛虎没有办法，使出浑身解数，用它的虎牙与虎爪不顾一切地撕咬住龙。这次，龙的鳞片再度被扯掉，龙牙也被打落，受了重伤。但是，这条龙好像是一头怪物，被打掉的牙之处长出了更坚固的龙牙，被撕掉的鳞片处长出了一层更锐利的龙鳞。然后，龙开始反攻虎，用身躯勒紧了虎。现在龙准备让虎咽下最后一口气。

虎的命运，危在旦夕。

第二节 天命之下

诀别的酒宴之后，项羽下定狠心，含泪砍下了虞美人的首级，然后提着鲜血淋漓的血刀①，飞身跳上爱马骓。这时部下只有八百余名骑兵了，他们趁着夜色冲出了汉军的包围圈，向南撤离。

直到天明时分，汉军才发现这一情况。骑将灌婴率领五千骑兵，一路追杀项羽。

项羽渡过淮水之后，部下就只剩百余名骑兵了。

项羽在阴陵（安徽省定远西北）附近迷了路，他向当地的农夫问路。农夫说：

"往左走。"

项羽顺着农夫说的左侧道路继续急行，没想到遇到一个大沼泽地。

追击的汉军已经迫近了。

---

① 据《大明一统志》卷七《中都凤阳府·陵墓》"虞姬墓"条："在定远县南六十里，俗称嗟虞墩。又灵璧县东二十三里亦有墓，相传灵璧葬其（虞姬）身，定远葬其首。"陶弘景《古今刀剑录》云："董卓少时，耕野，得一刀，无文字，四面隐起作山云文，劚玉如泥。及卓贵，示五官郎将蔡邕，邕曰：'此项羽之刀也。'"香港著名漫画家黄玉郎编绘的《大唐威龙传》中，复活的项羽使用的武器就是"血刀"。

项羽只能再度率领部下向东撤退，到了东城（定远的东部）丘陵之时，部下只剩二十八骑了，而汉军的骑兵有数千。

他意识到，已经无法再摆脱汉军的追踪了，于是把二十八名骑兵聚拢起来宣言：

"我自吴地起兵，至今已经有八年！其间交战七十余次，从未败过，最终取得了天下。但是现在啊，进退失所。这是因为天要亡我，而不是因为我战败了！现在，我已经做好了赴死的准备。从这一刻开始，我要在诸君的眼面前，痛痛快快地大战一场，破敌之围（溃围），斩敌之将（斩将），拔敌之旗（刈旗），必取三胜。这样诸君就会明白，我的失败绝不是因为战败，而是天要灭亡我！"

言毕，项羽将二十八骑分为四队，命令他们向四面进发。

汉军已经将他们所在的丘陵层层包围了。

项羽与二十八骑约定，在山的东麓分三处会合。然后他指着一名敌将说："为了诸君，我先要取他的血来祭奠！"

他大吼一声，一马当先冲下了山坡，四面的楚军二十八骑，也紧随其后杀了出来。

汉军被这疾风般的突袭震慑住了。

项羽一路猛冲到他所指的那名敌将面前，一击便将对方斩杀。刘邦的部将杨喜[①]，本来也率领一队人马追击项羽。这

---

① 杨喜，刘邦的郎中骑都尉（又做骑将、郎中骑）。《史记·项羽本纪》在记述这一情节时，使用了杨喜后来的封号"赤泉侯"。

时，项羽回过头来，怒目圆睁，呵叱杨喜。杨喜连人带马都被项羽惊人的气魄压制住了，慌忙向远处逃避。

突围下山的二十八骑，为了障人眼目，按照约定分散在三处会合。汉军失去了项羽的行踪，于是也分兵三路，将楚军骑兵包围。而项羽则再度突围，又斩杀了汉军的一名都尉与百余名士兵。

项羽把部下再次聚拢。这一轮战斗，项羽仅仅损失了两名骑兵，他自豪地问道：

"怎么样？"

众人皆伏身答道：

"诚如大王所言！"

项羽原本打算在乌江（安徽省乌江）渡过长江。乌江的亭长已经准备好了船在等他。

"江东（长江的东南地带）虽小，但有数千里的四方之地，以及数十万的人口。我想您在这里称王也并非不可以的。大王啊！请急速渡江！现在这里有舟船的人，仅仅就我一个。没有船，汉军是不可能渡过长江的！"

项羽，时隔八年再度站在长江岸边，面对着渺渺的江水，想到和叔父项梁一起率领八千江东子弟兵奋勇西行的情景，仿佛就在昨天。以项梁为首的战友们，大多数已经不在人间了。曾经野心勃勃，意气风发的热血男子项羽，如今也沦落为被汉军追击的败将。对于乌江亭长的极力劝说，他感到很欣慰，但是，他已经失去了返回江东的欲望了。

项羽面带微笑，摇着头对亭长说道：

"天已经舍弃了我，我的命运也已经被决定了。况且，从前我与江东子弟八千人一起渡过长江向西进军，如今全部阵亡，无一人生还。就算江东的父兄怜悯我，以我为王，我又有什么脸面去见他们呢。哪怕父兄们不说出口，我也会觉得心中有愧啊！"

项羽从爱马骓的背上下来。

"我骑着这匹马战斗了五年，这匹马所向无敌，日行千里，我不忍心杀了它。为了表达对你厚情的感谢，请你无论如何收下这匹马。"

说完了这席话，项羽仅剩的部下也都随他下了马。

这时，汉军再次从他们背后逼近，双方展开了一场惨烈的白刃战。

项羽挥舞着宝剑，转瞬之间就斩杀了汉军数百人。但是，他自己全身也受了十几处重伤。就在他下定决心准备自尽时，奔袭而来汉军骑兵队队长吕马童的身影映入眼前。

"你是不是我的同乡吕马童？"

听到这一喊声，吕马童凝视着项羽的面孔，然后指了指，对身旁的王翳说道：

"那个家伙，真的就是项王啊！"

项羽接着对吕马童说道：

"我听说汉王以黄金千斤，和一万户的领地悬赏我的首级。你我有同乡之谊，那么这个莫大的赏金，我就赐予你

明富春堂本《千金记》插图"乌江遇渡"

吧！"

项羽话声未落，便挥剑自刎了。

时值公元前203年，冬十二月。项羽的生命定格在三十一岁上。

第三节　诸将的末路

过了正月，刘邦论功行赏。首先，齐王韩信因为通晓楚国的风俗，被改封为楚王；彭越被封为梁王；黥布依旧被封为淮南王。第二年的二月，刘邦在诸王的推戴之下，登上了皇帝之位。他就是汉王朝的第一位皇帝高祖。

然而对于刘邦来说，项羽去世之后，韩信、彭越、黥布这三人的存在，成为新的不安的种子。他为了新诞生的汉帝国的未来，开始着手处理这些功臣们。

首先作为牺牲品的是韩信。到了十月，"碰巧"有人秘密告发韩信打算谋反。刘邦抓住了这个好机会，用计谋诱捕了韩信。将其从楚王的位置降格到列侯之一的"淮阴侯"，夺取了他的王国，并于公元前196年正月将韩信杀死，连同韩氏一族之人，全部处决。该年夏天，彭越也被怀疑谋反，他连同族人也被全部处决。彭越的尸体被刘邦用盐做成了肉酱装在坛子里面，然后被赠送到淮南王黥布等其他诸王与诸侯那里。黥布忍不住举兵反抗，经过激战败给了汉军，在逃亡的途中被杀死。这是同一年冬天的事。

韩信临终前感慨道：

"谚语说过：'狡兔死，良狗亨（烹）；高鸟尽，良弓藏；敌国破，谋臣亡。'果然如此啊！"

他后悔没有听从蒯通的劝说，悲惨地死去了。

第二年，垂垂老矣的刘邦看着诸将被逐一剪除，看着自己一手创建的汉帝国安泰运作，也咽下了最后一口气。这是公元前195年的事，距离项羽去世后八年。

最后，让我以司马迁评论项羽的话，作为全书的结尾：

我听说，远古时代的圣人舜帝，他的眼睛有双瞳，而项羽的眼睛据说也是双瞳。项羽难道是舜的后裔吗？在以陈胜为首的众多反抗秦帝国暴政的义军之中，没有任何根基的项羽，很快就在诸军之中崭露头角。不到三年，他就率领诸侯之军消灭了暴秦，号令天下，成为"霸王"。虽然说项羽最终没有建立自己的帝国，然而他的壮举也是史无前例的了。但是，项羽弑杀义帝，这是一个违背大义名分的行为。他夸耀自己的武力，即使到了死亡的那一刻，也没有意识到自己的过错，并说道："我不是因为战败，而是因为天要灭亡我！"这真是独断的项羽啊！①

---

① 本处是永田英正节译了《史记·项羽本纪》的文字，司马迁原文如下："吾闻之周生曰'舜目盖重瞳子'，又闻项羽亦重瞳子。羽岂其苗裔邪？何兴之暴也！夫秦失其政，陈涉首难，豪杰蜂起，相与并争，不可胜数。然羽非有尺寸，乘势起陇亩之中，三年，遂将五诸侯灭秦，分裂天下，而封王侯，政由羽出，号为'霸王'，位虽不终，近古以来未尝有也。及羽背关怀楚，放逐义帝而自立，怨王侯叛己，难矣。自矜功伐，奋其私智而不师古，谓霸王之业，欲以力征经营天下，五年卒亡其国，身死东城，尚不觉寤而不自责，过矣。乃引'天亡我，非用兵之罪也'，岂不谬哉！"特别需要注意的是，永田英正将司马迁的"岂不谬哉"改译为"独断"（どくだん），日语中的"独断"还保留了古汉语根据自己一人之意见而决断的意思，并非完全的贬义词，也代表了永田英正对项羽的评价。

再版后记

借着本书再版之机，时隔多年得以再次回顾了这本小书。从初版至今，已经过了十五年，我当然能深切地感受到有很不成熟与写得不够充分之处。照理说，本应该全书增订修补之后再出版，但由于印刷等原因，这次仅订正了若干错字。在这里，我想再谈谈自己对项羽以及刘邦的看法。

项羽与刘邦，是互为竞争对手的双雄。他们的出身、性格、才能等诸多方面，也形成了鲜明的对比。

项羽刚猛无双，英勇无比，另外也是天赋之将才，战无不胜，攻无不克。在这一点上，刘邦根本不是项羽的对手。他战胜过项羽的，也仅有最后的那一战。然而，项羽却非常感情用事。他有一个致命的缺点，就是感情起伏程度比常人厉害得多。当然，项羽很有教养，彬彬有礼，他是一个纯情而且富有正义感的男子。但是，他一旦动怒，就无法控制自己，会做出残忍的事情。他烧毁过抵抗激烈的城池，屠杀过那里的居民。知道秦军降卒有不稳之举时，就将二十万人全部坑杀，这些都是非常残忍的例子。他对自己不满意的人会彻底放弃，也绝不会抱以拉拢利用的打算。再加上项羽贵族出身的精英意识非常强烈，一切独断专行，不仅失去了同盟者，也失去了民众之心。

反观刘邦，他没有教养，傲慢无礼，常常大声骂人而满不在乎。然而，他身上却有着项羽所不具备的资质。首先，刘邦能很好地听取别人的意见。其次，他善于随机应变。一旦决定了要做什么就立刻付诸行动，具有极强的执行力。同时，因为刘邦是农民出身，深谙人心之机微，善于权衡利弊，故而能慷慨地赐予部下领地，减轻百姓们的负担，以宽宏的态度来获得民心。

楚汉之战，项羽失败，刘邦获得最后的胜利，其中最直接的原因应该说很大程度上是由上述两者的性格与人品造成的。但是如果将此放在中国历史的巨流之中来考察，项羽失败的间接原因，可以从他打倒秦帝国之后的政治态度中去寻找。秦帝国结束了群雄割据的战国时代，这个统一国家的出现，不仅在政治上，而且在经济、社会、文化上都是大时代的要求，也是大时代的趋势。然而，从项羽的论功行赏之举可以看出，他的意图是否定大一统，恢复战国时代的旧秩序，这就是所谓的逆时而动。因此无法得到民众的支持，这也是项羽败北的原因之一。

项羽的失败，可以说是战国武断主义的失败。相对而言，刘邦的胜利，是新式中国合理主义的胜利。

　　与本书相关的基本文献，当然就是司马迁的《史记》。以《项羽本纪》（项羽）、《高祖本纪》（刘邦）为首，并参照《史记》的其他本纪、世家、列传然后动笔。关于《史记》，在我国（日本）也出版了很多译注本，尤其与本书相关的，是田中谦二、一海知义共著的《史记：楚汉篇》（朝日新闻社，1958年），该译注本非常出色，我有幸加以利用。其他利用到的先学的研究与论著也有很多，虽然限于篇幅的关系，在此省略列举，但我在心中深表谢意。另外，还有河地重造的《刘邦》（新人物往来社）①，敬请读者们一并参照阅读。

作者自述

1981年8月

---

　　① 河地重造，又名河地重藏，京都大学文学部毕业。著有《刘邦：中国英雄传》（新人物往来社，1981年），此书初版以《汉的高祖》为题，于1966年出版。

文库版后记

本书于1966年初版，1981年再版。但再版时，正文除了纠正了若干误字之外，整体与初版相比，没有大的改动。

这次收录进PHP文库之际，我又重读了一遍拙作，内容的不成熟之处与书写的不充足之处，均有很多。这一点在再版《后记》时已经提及了。但在另一方面，作为文章的气势，本书还是颇为可观。毕竟，这是我年轻时的作品，我想在文库版中也保留这一气势。因此，这次除了删除掉一部分不必要的文辞之外，为了使全书更容易理解而增加了一些文辞。这些文辞的改动，无论如何都尽量控制在比较小的限度之内。

内容方面，在第八章第五节《勇武的"游击队长"彭越》之后，增加了比较长的一节《背水之阵》，然后又补上了第七节《东奔西走的项羽》，这都是为了不损初版时文章的气势。

决定出版文库版的时候，在我一直工作到去年的京都女子大学的研讨会上，我与硕博生们一起研读了本书的再版。正文第九章《四面楚歌》的《垓下之围》那一节，我在书中提到了京剧《霸王别姬》与中国的名旦梅兰芳，虽然梅兰芳已经不在人世，但硕博生们异口同声说，最好要把电影《别了，吾爱》①看一下。因为我没有看过这部电影，所以赶紧找来这部电影的相关资料。

这部电影是 1993 年的香港作品，在此我就不赘述了。电影最初上映时是按照小说的原题《霸王别姬》，到了日本公映时片名改为《别了，吾爱》，而《霸王别姬》反而成了副标题。这个故事讲述了从小开始分别作为旦角与生角接受京剧培养的两个男人多舛的命运，最终以悲剧收场。作为京剧的《霸王别姬》是这部电影的灵魂，也作为电影的戏中戏被上演。日本的《别了，吾爱》就是因为重视故事的这一情节而重新起名。导演是年轻富有锐气的陈凯歌，这部电影曾经在 1993 年戛纳电影节上获得大奖。

这部电影的碟片也能在日本市面上买到，所以我想有机会还是应该从头到尾看一遍。特别是这样一部在年轻人中也有深刻印象的电影。对于看过这部电影的年轻人来说，如果本书中的四面楚歌、霸王别姬等章节内容，能够帮助他们理解其中的历史性背景，那将是我意料之外的幸事。

作者自述

2003 年 2 月

---

① 1993 年上映的陈凯歌导演的《霸王别姬》（张国荣、张丰毅等主演），在日本放映时名为《さらば、わが爱》（《别了，吾爱》）。

项羽关系年表

说明：因为秦汉帝国都以十月为岁首，因此"皇帝年"与"西历"之间肯定有不一致的月份。西历的排列方法依据《三正综览》①（黑体字数字表述月份②）。

皇帝年	西历纪元前	项羽年谱	项羽年龄	关联事项
秦王政一五	232		1	
秦王政一六	231		2	
秦王政一七	230		3	秦国灭韩国。
秦王政一八	229		4	
秦王政一九	228		5	秦国灭赵国。

---

① 《三正综览》由日本内务省地理局于明治十三年（1880年）编纂刊行，最初版是和刻线装两册，该部历书从中国始皇帝三十三年、日本孝元天皇元年、西历纪元前214年开始，对照中国历法、伊斯兰历法、日本历法与西历等逐年排列，非常便于使用，日本历法主要基于涩川春海《日本长历》与中根元圭《皇和通历》。当时如史学大家陈垣等都利用过该书。

② 中译本将黑体阿拉伯数字改为汉字"一月""二月"等。

续表

皇帝年	西历纪元前	项羽年谱	项羽年龄	关联事项
秦王政 二〇	227		6	
秦王政 二一	226		7	
秦王政 二二	225		8	秦国灭魏国。
秦王政 二三	224		9	秦将王翦破楚军,楚将项燕自杀。
秦王政 二四	223		10	秦国灭楚国。
秦王政 二五	222		11	秦国灭燕国。
秦始皇 二六 (永田英正全书通例称"始皇帝",这是日本东洋史学界的惯例,唯独这一表格的第一列时间用"秦始皇",现遵照不改。)	221		12	秦国灭齐国; 秦一统天下,在全国设三十六郡;秦王政称"始皇帝",以十月为岁首。
秦始皇 二七	220		13	
秦始皇 二八	219		14	
秦始皇 二九	218		15	张良在博浪沙狙击秦始皇,但未成功。
秦始皇 三〇	217		16	
秦始皇 三一	216		17	
秦始皇 三二	215		18	
秦始皇 三三	214		19	蒙恬征伐匈奴,增筑万里长城。

续表

皇帝年	西历纪元前	项羽年谱	项羽年龄	关联事项
秦始皇三四	213		20	烧毁儒家及诸子百家书籍(焚书)。
秦始皇三五	212		21	活埋了460余名儒生(坑儒)。
秦始皇三六	211		22	始皇帝根据恒例,开始进行东方巡幸。
秦始皇三七	210	项羽与叔父项梁见到了巡幸中的始皇帝。	23	七月,始皇帝病逝于沙丘。 赵高等人阴谋立始皇帝末子胡亥为太子,长子扶苏自杀。胡亥成为二世皇帝,葬始皇帝于骊山。蒙恬自杀。
二世元年	209	九月,项羽与叔父项梁在吴地举兵。	24	七月,陈胜吴广发动起义,陈胜称"陈王"。 九月,刘邦在沛地起兵。 田儋在狄地举兵,自立为齐王;韩广自立为燕王;魏咎自立为魏王。

续表

皇帝年	西历纪元前	项羽年谱	项羽年龄	关联事项
二世二			25	十一月,周章之军败给秦将章邯。吴广、陈胜均被杀。张耳、陈余两人立赵歇为赵王。
	208	二月,在从吴西征的途中。 三月,项梁在薛汇合诸将。		
		六月,项梁将楚怀王之孙,名为心,立为怀王,以盱台为都城。		六月,田儋被杀。
		七月,项羽与刘邦一起进攻城阳。 八月,项梁被杀。		七月,秦丞相李斯被杀。 八月,田市成为齐王,田荣成为齐相 九月,魏豹成为魏王
		九月,项羽回到彭城。 怀王命令宋义、项羽率军救援钜鹿。 怀王与诸将约定,先入关中者可为"关中王"。		秦军在钜鹿包围赵王歇。张耳与陈余之间产生矛盾。 刘邦进军关中。

续表

皇帝年	西历纪元前	项羽年谱	项羽年龄	关联事项
二世 三	207	十一月,项羽在安阳杀原上将军宋义,根据怀王的拜命而为新上将军。 十二月,项羽于钜鹿击破秦军,获得大胜。成为诸侯联军的上将军。 七月,秦将章邯投降项羽。	26	二月,郦食其加入刘邦军团。 四月,张良加入刘邦军团。 八月,赵高弑杀二世皇帝,奉子婴为秦王。 九月,秦王子婴杀赵高。

续表

皇帝年	西历纪元前	项羽年谱	项羽年龄	关联事项
汉元年			27	十月,刘邦率军到达霸上,是为汉元年,秦王子婴投降。
		十一月,项羽在新安坑杀降卒二十余万。		十一月,刘邦约法三章。 刘邦固守函谷关。
		十二月,项羽突破函谷关,列阵鸿门 鸿门之会。 项羽进攻咸阳,杀秦王子婴,烧毁宫殿		
	206	二月,项羽尊怀王为义帝,以郴为都城。 项羽自立为西楚霸王,分封诸将为王。 四月,返回彭城。		二月,刘邦成为汉王。 四月,诸侯联军解散,各自返回封国。
		六月,项羽杀韩王成。		六月,田荣杀齐王田市,自立为齐王。 七月,陈余与田荣联军攻击张耳。 刘邦拜韩信为大将军。 八月,刘邦进军关中。司马欣、董翳等降汉。

续表

皇帝年	西历纪元前	项羽年谱	项羽年龄	关联事项
汉二	205	十月,项羽杀义帝,进攻齐国,打败了齐王田荣的军队。	28	
				十一月,刘邦以栎阳为都城。
				三月,田荣之弟田横立田广为齐王。 刘邦从关中出发,东征。 刘邦在洛阳为义帝发丧。
		四月,项羽从齐地杀回彭城,大破汉军,俘获了太公、吕后。		四月,刘邦占领楚国都城彭城。
		五月,项羽率军进击荥阳。		五月,刘邦败于荥阳,溃逃。 六月,章邯自杀。韩信攻击魏豹。

续表

皇帝年	西历纪元前	项羽年谱	项羽年龄	关联事项
汉三			29	十月,韩信与张耳破赵军(背水之阵)。赵王歇、陈余均被杀。
	204	十一月,楚将黥布投降汉军。 四月,范增去世。 五月,彭越堵绝项羽的粮道,项羽陷入苦斗。 六月,项羽击败彭越,将刘邦围在成皋。		四月,陈平使用反间计。 五月,刘邦从荥阳逃脱,奔赴成皋。 刘邦返回关中,再度从武关出军,进击宛、成皋。 六月,刘邦逃到赵地,夺走韩信军队。韩信重新组军进击齐地。 八月,刘邦驻军小修武。 彭越攻略梁地,占领了睢阳、外黄等十七城。 九月,齐王田广听从郦食其之言,投靠汉王。

续表

皇帝年	西历纪元前	项羽年谱	项羽年龄	关联事项
汉四		十月,项羽从梁地回来,进军广武。并派龙且救援齐国。	30	十月,刘邦驻军广武。 韩信采纳蒯通之言,进攻齐国。 十一月,韩信击败齐楚联军,平定齐地。
	203	二月,项羽派武涉赴齐。		二月,韩信成为齐王。 七月,黥布成为淮南王。
		八月,项羽与刘邦讲和,鸿沟以东为楚地,鸿沟以西为汉地。		
		九月,将太公、吕后归还汉王,项羽领军东去。		
汉五		十月,项羽在固陵击败刘邦。	31	十月,刘邦追击项羽,在固陵赶上对方。 十一月,韩信、彭越等人与刘邦会师。
		十二月,项羽到达垓下,被汉军包围(四面楚歌)。于乌江自刎。		

续表

皇帝年	西历纪元前	项羽年谱	项羽年龄	关联事项
	202			二月,刘邦即皇帝位(汉高祖)。韩信成为楚王。彭越成为梁王。
汉六	201			韩信被降为淮阴侯。
汉一一	196			韩信被杀。彭越被杀。黥布被杀。
汉一二	195			刘邦(汉高祖)病死。

译后记

永田英正先生，1933年生于日本鸟取县，京都大学文学博士。永田先生在京大求学时，受教于宫崎市定、贝冢茂树、吉川幸次郎等京都学派的文史大家，可谓"家法纯正"。他在简牍学与秦汉史两方面，都是国际著名的一流学者。

据冨谷至教授介绍，二战后的京都学派简牍研究有"三代"。"第一代"是战后50年代，以京都大学人文科学研究所的森鹿三、藤枝晃为代表，采取读书班的形式在日本京都首先唱响了真正意义上的汉简研究。在他们的读书班上，也产生了为中国学人所熟知的"第二代"——大庭修和永田英正。"第三代"则以冨谷至及籾山明为代表（童岭《汉简研究中的"北辰一刀流"》，载《西域研究》2011年第4期）。

永田英正先生以两部势大力沉的"集成"性著作蜚声海内外。一部是简牍文书学集大成之作《居延汉简研究》（同朋舍，1989年），另一部是汉代碑铭研究集大成之作《汉代石刻集成》（同朋舍，1994年）。如果我们仅仅从这两部大作，以及他退休后多年方才出版的著名论文集《汉代史研究》（汲古书院，2018年）来考察永田英正先生的学风，毋庸置疑会对这种继承了清代考据学的日本京都学风倍加赞赏。

其实，永田英正先生还有一部风靡日本读书界的"小书"——《项羽》，该书充分展示了他举重若轻的史料处理能力，以及辞藻华美、洞察人心的文字把握能力。《项羽》初版于1966年（日本人物往来社），1981年出版了同书的修订版，2003年改题为《项羽：秦帝国を打倒した刚力无双の英雄》由PHP文库出版了最新增订版。增订版是永田知之师兄帮我在京都的旧书店购得。

整体来看，《项羽》一书共分为十章（附《项羽关系年表》），从第一章《豪爽男儿项羽》到最后一章《英雄项羽之死》，展示了项羽以及秦汉之间诸多人物的风云际会。关于本书的特点，用永田英正先生《前言》中自己的话说，就是"尽可能地以史实为主，再现当时的人间诸态"。

十几年前，我在京都大学文学部留学时，特别在冨谷至教授的讲读课上，就拜读过永田英正先生的诸多论文，但即便如此，翻译这本《项羽》还是让我重新认识了那个熟悉但又陌生的"永田流"（借用张学锋老师《居延汉简研究·译后记》语）。

譬如在论及秦始皇（书稿正文遵照日本学术界称"始皇帝"）行事风格时，永田英正先生认为秦始皇从一出生，就背负了阴谋论与政治交易论，从而被卷进了不幸宿命的漩涡之中。但是，正因为他身上流淌着一代大商人（吕不韦）的血液，因此这种极其罕见的、旺盛的"企业家精神"，在始皇帝后来的政治生涯中被发挥得淋漓尽致。

又如，谈到彭城之战，常见的秦汉史著作都比较热衷于谈刘邦的惨败以及如何抛妻弃子。但是永田英正先生以他熟稔的史学功底认为，此战结果虽然以项羽的大获全胜而告终，刘邦则惨败而归，但是这一切只不过是表面现象，两方强弱转换正在此时。

此外，将中国古代人物、事例与日本进行对比，也颇有兴味。比如永田英正先生认为秦始皇统一天下后，将六国的武器全部没收，集中到首都咸阳，熔化制成了十二个巨型铜像。好像日本天正十六年七月八日，丰臣秀吉解除日本地方武装，将收缴来的武器用于铸造方广寺大佛的"刀狩令"。又如将项羽的钜鹿之战，比作日本的"洞之峠"——明智光秀与丰臣秀吉两军在天王山的对决之战。但凡类似这些地方以及一些史事考辨、地名变迁之处，我都加了译注，方便读者参考。

关于本书的核心人物——项羽，他身上具有两个关键词"英雄"和"悲剧"。永田英正先生认为："项羽活脱脱就是织田信长，而刘邦大概就是德川家康吧。"他还说："项羽的失败，可以说是战国武断主义的失败。相对而言，刘邦的胜利，是新式中国合理主义的胜利。"书稿中对项羽性格的细致分析，让人叹为观止。而正因为这种人物传记的性质，使得永田英正先生可以充分发挥他的文才与遐思，其中最让我这位中文系出身的后辈叹服的，是终章第一节《龙与虎》的华丽想象力，相信读者看后定会有同感。

本译稿所使用的底本是PHP文库的增订版。需要说明的是，台湾在1975年由专心文库出版了李君奭译本《项羽》，但这个译本我遍觅未得，只在孔夫子旧书网见过一次。台湾译本所据底本应该是1966年初版，而本译稿的底本2003年PHP文库本，已经比1966年初版以及1981年二版增加了好几个章节，根据孔夫子旧书网的书影，台译本没有译注。

本译稿得以面世，首先要感谢勤勉不怠的山西人民出版社崔人杰兄，我戏称他也具备永田英正先生所说的"企业家精神"，没有他的大力推进，不会有本书以及本系列其他译稿的问世。同时感谢责任编辑张志杰的细心编校。此外，还得到了富谷至、宫宅洁、永田知之、张学锋、林晓光等师友，以及徐光明、梁爽等同学的帮助。我校苗怀明与孙书磊两位教授，为我提供了明富春堂本《千金记》、清剑啸阁刊本《西汉演义》等诸多明清戏曲小说刊本中的项羽与虞姬的绣像，以及民国京剧《霸王别姬》剧照，为本译稿增色添辉。

这里，我想特别感谢的是宫宅洁教授，从日方版权的获得，到前后多次费心为我和九十高龄的永田英正先生联系沟通，宫宅洁教授付出了大量的心血。在译稿初稿完成后，宫宅洁教授还细致地为我遇到的翻译问题逐一答疑解惑，同时帮我取得了京大附属图书馆藏贵重汉籍《汉楚军谈》、日本谣曲《项羽》的书影，在此谨表感激之情。

对于我来说，自己完成的上一部译稿费子智（C. P. Fitzgerald）《天之子李世民：唐王朝的奠基者》，其英文原版就是出版于永田英正先生出生的1933年。以1933年结束一段"译程"，再以1933年开启一段新的"译程"，不能不说是一种奇妙的"译缘"。

是为记。

童岭

2023年立春